Maman minimaliste

MINO RAKOTOZANDRINY

EDITIONS ideo

ISBN : 978-2-8246-1094-8
Code Hachette : 20 0741 8
Catalogues et manuscrits : city-editions.com/IDEO

Dépôt légal : Octobre 2017

Sommaire

Le minimalisme et ses bienfaits sur la famille

Le minimalisme appliqué à la vie de famille

La vie au quotidien d'une famille minimaliste

Je dédie ce livre
À mon mari et à mes trois enfants,
pour le bonheur qu'ils m'apportent tous les jours.
À tout parent débordé et submergé
par son rôle au quotidien.
Le minimalisme m'a beaucoup aidée,
je suis sûre qu'il en sera de même pour vous.

Préface

de Caroline de Surany, auteure de *Cultiver le bonheur pour les nuls* (First, 2017).

Il y a sept ans, j'étais une *shopping addict* et une collectionneuse d'objets. J'ai découvert le minimalisme en lisant un livre de Dominique Loreau, *L'Art de la simplicité*. Un choc, une libération. En quelques semaines, j'ai tout trié, donné, vendu, allégé mon agenda et mes journées. Une extrémiste. J'ai même, à un moment, tout laissé derrière moi pour aller vivre ailleurs, tenter autre chose, avec seulement deux grosses valises où ma vie entière tenait.

Puis j'ai rencontré l'homme de ma vie. Je suis rentrée en France, nous nous sommes installés dans un petit deux-pièces parisien exigu et je suis tombée enceinte. Là, je me suis vue avec un parc plein de jouets dans le salon, une table à langer dans la salle de bain, des biberons partout dans la cuisine, un robot pour faire des purées de bébé – parce que le robot pour faire les purées d'adultes ne pouvait pas convenir –, des appareils pour être sûre de l'entendre au moindre gazouillement, des doudous, des pyjamas, des choses aux noms improbables : gigoteuse, turbulette, chancelière… Un abysse de vocabulaire à explorer, autant de choses absolument vitales selon toutes les mères bien plus expérimentées que moi. Rien que d'y penser, j'étais découragée. Sans compter que le budget, même avec des objets d'occasion, me semblait inaccessible. Et ce serait une malédiction éternelle, puisqu'il faudrait sans cesse renouveler le stock de vêtements, jouets et accessoires adaptés à l'âge de l'enfant. Comment allais-je y arriver ?

Alors j'ai fait quelques recherches sur internet et je suis tombée sur le blog de Mino. Le titre a suffi à me rassurer : « Maman minimaliste », c'était donc possible ! Eh oui, en la lisant, mes craintes se sont peu à peu envolées : mère expérimentée, elle expliquait quotidiennement, de manière très réaliste et accessible, comment ne pas tomber dans les affres de la surconsommation. Il y avait même un groupe Facebook[1] qu'elle animait et sur lequel j'ai pu demander ce qui était vital pour accueillir un nouveau-né et ce dont on pouvait se passer. J'ai eu de nombreuses réponses bienveillantes de Mino elle-même et des membres de son groupe. Ces dernières étaient des mères comme moi, en quête de simplicité en famille. Sur le blog de Mino, j'ai appris qu'on peut aimer ses enfants sans les couvrir de jouets à chaque occasion, mais aussi qu'un nourrisson peut se sentir bien sans qu'on ait besoin d'investir dans trente-six objets technologiques. J'ai compris qu'on pouvait faire de très bonnes purées pour bébé avec un robot pour adultes, donner un bain sans transat de bain, bercer sans boîte à musique. Bref, selon elle, il était tout à fait réaliste d'être maman et minimaliste.

1. cf. https : //www.facebook.com/groups/apprentisminimalistes/

Enfin j'avais quelqu'un pour m'aider à y voir plus clair. Enfin j'avais une référence, un guide, pour m'accompagner dans l'expérience parfois effrayante de la parentalité. Comment rester minimaliste sans priver mes enfants de certaines joies ? Comment proposer à mes proches un mode de vie qui me correspond sans les défavoriser ?

À tout cela, Mino pouvait répondre. Pas parce qu'elle avait réfléchi à une théorie, mais simplement parce qu'elle était passée par là, qu'elle s'était posé les mêmes questions que moi et avait tâtonné pour trouver des éléments de réponse. Mino n'impose rien : elle suggère. Sa délicatesse et son ouverture d'esprit en font une blogueuse bienveillante, qui offre une voie possible plus qu'une direction fléchée. C'est une débroussailleuse qui a trouvé son chemin, mais qui a conscience qu'il n'est pas le seul possible.

Merci, Mino, de m'avoir tenu la main pendant cette période complexe, où j'ai failli retomber dans le consumérisme le plus écrasant. Et merci pour ce livre plein de bons conseils, de bonnes idées, d'astuces faciles à mettre en place : tu rends le minimalisme accessible à tous, sans jamais juger personne. Grâce à toi, des milliers de parents et d'individus vont trouver leur équilibre, leur chemin dans cette tempête de la vie, où il est parfois complexe de tenir la barre et de ne pas se noyer sous les objets inutiles. Un livre indispensable pour rester simple, en optant toujours pour le meilleur.

Introduction

Mon parcours : d'acheteuse compulsive à apprentie minimaliste

Quand je regarde en arrière, je me dis que j'en ai parcouru, du chemin. Je me revois encore, il y a sept ans de cela, quand je n'avais pas d'enfants, dans un petit studio à Paris. Le shopping était ma principale activité du samedi après-midi. C'était facile, j'habitais à cinq minutes à pied d'un grand centre commercial. J'y allais sans but d'achat précis et je revenais toujours avec quelque chose.

Les courses alimentaires, je les faisais un autre jour. Comprenez donc : je revenais chez moi avec des choses dont je n'avais pas vraiment besoin, mais que j'avais achetées sur un coup de tête. La plupart du temps, c'étaient des livres, mon plus gros point faible encore aujourd'hui. Je n'étais abonnée à aucune bibliothèque et mon salaire ne servait pas encore à nourrir mes enfants. Donc, dès que je voyais un titre qui m'attirait, je l'achetais.

Le déménagement

Puis vint le jour où mon mari et moi avons voulu déménager dans un deux-pièces. Nous avions trouvé un appartement dans le même quartier qu'auparavant, mais avec un petit bémol : il ne disposait pas d'une cave. Qu'allions-nous faire de tous les objets stockés dans la cave du studio ? À cette époque, nous avions une cave remplie d'objets à ras bord. Mais nous ne savions pas ce qu'il y avait exactement dans ce local. C'était comme un poids sur ma tête, un problème non résolu que je traînais tout le temps. Nous avons donc retroussé nos manches et vidé la cave de son contenu. Nous y avions beaucoup d'anciens cours du lycée et de nos études supérieures. Nous n'en avions plus besoin, alors pourquoi les garder ? En souvenir de nos études ? Ce fut le premier déclic, un gros soulagement. Il était agréable d'avoir uniquement les objets que pouvait contenir notre nouvel appartement.

L'art de la simplicité

Un autre déménagement, plus tard, et nous sommes arrivés en banlieue parisienne. Il y avait beaucoup plus d'espace qu'à Paris et j'ai commencé à combler les espaces vides par des objets sans grande importance, achetés ici ou là. Par hasard, ma sœur, venue de Madagascar passer ses vacances chez moi, a acheté le livre *L'art de la simplicité*, de Dominique Loreau. Et là, ce fut le choc. D'autres lectures de la même auteure ont suivi, et ma vision des achats a complètement changé.

Cette fois, je n'étais plus à cinq minutes d'un centre commercial : il fallait prendre la voiture pour me déplacer et accéder au premier magasin. J'avais aussi mon premier enfant, et tous les accessoires que peut nécessiter la venue d'un bébé dans une famille.

Je me sentais encombrée. J'étouffais avec tous ces objets autour de moi. J'avais aussi un sentiment de culpabilité : celui d'avoir succombé à tous ces achats qui, finalement, n'étaient pas indispensables.

J'ai donc commencé à réfléchir davantage avant d'acheter quelque chose. Puisque le centre commercial était loin, je regardais d'abord le produit sur internet et recueillais les avis avant de prendre ma décision. Et une fois que je savais quelle marque et quel modèle acheter (ce qui me prenait du temps, car je voulais connaître toutes les possibilités, vu qu'il n'y avait pas d'urgence), je me laissais encore une semaine de réflexion, pour être sûre d'avoir besoin du produit en question. Avec un tel parcours de décision, beaucoup de mes envies ne se sont pas soldées par des achats. Tant mieux pour ma maison et mon porte-monnaie.

J'ai commencé à trier les objets chez moi, et le travail de désencombrement est tel que je ne veux plus revenir à une situation d'encombrement.

Apprentie minimaliste

Aujourd'hui, je désencombre encore de temps en temps. Je me sépare des objets qui ont survécu à mes précédents tris, et aussi de mes récents achats inutiles. En effet, la fréquence de mes achats a très fortement diminué depuis, mais je ne suis pas à l'abri d'erreurs de jugement sur les produits que j'achète.

L'obsolescence programmée de certains appareils jouant aussi un certain rôle, j'essaie de remplacer petit à petit ce que j'ai chez moi par des objets de qualité. D'où ma recherche de produits durables. C'est ça aussi, le minimalisme : se faire plaisir en utilisant des objets de qualité, ressentir ce plaisir secret d'avoir le meilleur outil.

Aujourd'hui, j'ai une carte de bibliothèque : je peux emprunter six documents d'un coup. Ça calme mes achats de livres !

En fait, c'est tout mon raisonnement quant à l'achat, la possession et l'utilisation d'objets qui a été chamboulé par le minimalisme.

Le bien-être qui a résulté de ces premières lectures m'a incitée à creuser encore plus le sujet. J'ai donc lu des livres et des blogs sur le sujet, comme ceux de Léo Babauta[1], de Béa Johnson[2] et, tout récemment, de Marie Kondo (son livre *La magie du rangement*). Toutes ces lectures arrivaient à la même conclusion : il vaut mieux avoir moins pour profiter de la vie.

Ma conception du minimalisme

Passer des heures à retrouver un objet, ne plus savoir comment on a dépensé son argent, se retrouver avec plusieurs outils qui ont la même fonction, simplement parce qu'on a oublié qu'on en avait déjà… voilà quelques-unes des nombreuses situations que je ne voulais plus vivre. C'est pourquoi je me suis mise au minimalisme.

Je ne vise cependant pas un minimalisme à l'extrême, comme ces personnes qui vivent avec moins de cent objets et peuvent parcourir le monde avec un sac à dos contenant toutes leurs possessions. C'est très inspirant mais ce n'est pas vraiment le minimalisme auquel je tends.

1. Son blog : https : //zenhabits.net/, http : //mnmlist.com/ Son livre : *L'art d'aller à l'essentiel.*
2. Son blog : https : //zerowastehome.com/ Et son livre : *Zéro déchet.*

Mon but principal est de simplifier ma vie quotidienne au maximum. J'ai commencé par me séparer de toutes ces choses inutiles qui polluent mon environnement : tous ces placards remplis d'objets dont on pense avoir besoin mais qui, au bout du compte, ne servent pas ; tous ces livres et magazines que je ne lis plus…

Mais j'étais loin de me douter que cette envie allait me faire découvrir plein de choses, me faire écrire un blog retraçant mon expérience et m'offrir l'opportunité d'écrire un livre. Un rêve de petite fille.

Partie 1

LA VIE DE FAMILLE AUJOURD'HUI

C'est toujours après une prise de conscience que l'on change de mode de vie. Mes nombreuses lectures sur le minimalisme m'ont fait voir la vie sous un autre angle. Je me suis rendu compte que la société nous dicte beaucoup de nos comportements. Nous grandissons dans nos familles, nous faisons des études, nous devenons de jeunes adultes, nous trouvons du travail, nous nous installons en ménage, nous faisons des enfants qui vont grandir à leur tour. La boucle est bouclée. Bien sûr, je simplifie grandement le parcours, mais c'est en gros ce que la société attend de nous. Nos vies deviennent des « il faut que… ». Je me rendais compte que je vivais une course sans fin. Une course dans plusieurs domaines.

On entend souvent qu'il en faut peu pour être heureux. Et pourtant nos vies semblent loin de ce « peu » vraiment nécessaire pour nous. Nos vies, en tant que familles, sont remplies. Remplies d'objets, d'obligations, d'activités… Tellement remplies que nous en oublions parfois l'essentiel : le bonheur d'être ensemble.

1

Une course à la possession

La société de consommation

La société de consommation dans laquelle nous vivons exerce finalement un grand pouvoir sur nous. Baignant dans cet environnement depuis tout petits, nous ne nous rendons plus compte de l'inutilité de certains de nos comportements, ni des conséquences de nos achats.

Dans les pays où les besoins de base sont déjà satisfaits (besoins physiologiques et de sécurité), la consommation de biens superflus est devenue une habitude.

Il nous faut « toujours plus ». Notre monde nous incite à toujours acquérir quelque chose, comme si nous manquions toujours d'un objet. Nous chassons la nouvelle chose à posséder, nous courons vers la prochaine étape à franchir. Les magazines et les médias jouent un rôle important dans notre faim de nouveauté : ils nous montrent tout ce qui se consomme et tout ce que nous n'aurions jamais connu si nous nous étions juste concentrés sur notre quotidien. Cette chasse à l'objet est comme une soif insatiable. Mais qu'est-ce qui se cache derrière notre envie de consommer toujours plus ?

Le besoin de posséder

C'est un sentiment qui naît pendant l'enfance. Si un ami possède tel jouet, nous aimerions bien l'avoir aussi. Mon fils de sept ans me le fait savoir comme ça : « Tu sais, Maman, il y a Paul qui a le dernier jeu Pokémon ». Et quelques secondes après : « Moi aussi j'aimerais bien l'avoir ». C'est une course qui ne s'arrête jamais. En effet, une fois l'objet acquis, il y aura un autre ami, Pierre, qui aura un autre jeu que notre enfant voudra avoir aussi. En tant que parents, nous espérons faire plaisir à notre enfant en achetant le jeu qu'il veut vraiment à ce moment. Mais deux mois après, le jeu en question dort dans le bac à jouets et une autre envie a déjà pointé le bout de son nez.

Nous sommes entourés de tellement de choses, de tellement de choix, de tellement de possibilités que nous et nos enfants avons trop de désirs.

Et cela s'aggrave avec la notion de collection. On ne se contente plus de posséder un objet, on veut également avoir les autres objets de la même série ou les objets du même type. L'accumulation devient un plaisir et la valeur de l'objet en est augmentée. Pour remplir une collection, il faut du temps, de la patience. Il faut même parfois voyager pour acquérir des objets peu banals, différents de ce que l'on trouve habituellement. Mais on se dit qu'« il nous les faut absolument ».

Le besoin d'appartenir à un groupe social

Il y a un phénomène très présent chez les adolescents, mais qui ne disparaît pas forcément à l'âge adulte : le fait de vouloir appartenir à un groupe. Intégrer un groupe implique de vouloir faire comme les autres membres. On se plie à une norme et on se compare avec les autres. Si, chez les adolescents, cela veut dire adopter le même look que les amis, pour les adultes, cela peut vouloir dire avoir le même genre de décoration, une voiture du même standing ou les mêmes objets, meubles et accessoires que les autres.

Ainsi, comme presque tout le monde, nous avons un canapé, une télé, une cocotte-minute. Nous achetons des DVD et des livres. Nous nous abonnons à des magazines. Nous voulons être comme les autres, mais de façon originale. Un équilibre à trouver.

La facilité d'acquisition

Comme si la tentation d'acquérir quelque chose n'était pas suffisante, tout est fait pour faciliter nos achats.

Il y a encore quelques années de cela, il était rare de voir un magasin ouvrir le dimanche. Ce jour-là était consacré au repos. Aujourd'hui, de plus en plus de magasins ouvrent le dimanche. Il est possible d'aller acheter des meubles en famille, de faire du shopping dans les centres commerciaux et même dans certains magasins des grandes villes.

De plus, sur internet, on peut maintenant faire des achats 24 heures sur 24. Les sites de e-commerce rivalisent d'ingéniosité pour nous faire acheter :

- Ils donnent la possibilité d'enregistrer notre carte bancaire, pour que cette étape ne soit pas fastidieuse à chaque fois.
- Ils enregistrent dans les cookies les articles que nous avons recherchés et les ressortent plus tard dans une bannière de pub, pour nous inciter à finaliser l'achat.

- Ils nous intègrent dans un club privé, pour que l'on se sente privilégié. Ils nous donnent accès aux meilleurs prix des articles qu'ils vendent.
- Ils mettent en place un système de livraison pour que nous puissions recevoir nos achats dès le lendemain.

Il n'a jamais été aussi facile et rapide d'acquérir ce que nous voyons dans les magazines. Et avec le rythme accéléré de nos vies actuelles, nous voulons tout, tout de suite.

La quête du bonheur par la possession

Bien sûr, le fait de posséder quelque chose ne découle pas toujours d'un acte d'achat. Une possession peut venir d'un cadeau, d'un troc, d'une balade dans un magasin sans argent ou d'une *givebox*.

Les publicités nous font croire que nous serons plus heureux, plus épanouis, plus beaux, plus importants, plus intéressants si nous achetons tel ou tel produit. Tout le monde est à la recherche du bonheur. Alors, nous essayons de le chercher là où nous pouvons.

Le bonheur éphémère du shopping

Combien de fois avons-nous utilisé le shopping pour panser une blessure passagère ? Une dispute dans le couple, un problème dans la sphère professionnelle, une incompréhension au sein de la famille et nous partons faire les magasins juste pour nous changer les idées, pour nous consoler.

Il m'est arrivé très souvent d'aller faire du shopping sans besoin particulier. Il est clair que j'avais déjà assez de vêtements chez moi. Peut-être assez pour ne pas mettre deux vêtements identiques pendant un mois. Pourtant j'arpentais souvent les magasins sans but précis, parfois à la recherche d'une pièce à la mode, que je n'avais pas et qu'il me fallait absolument.

Nous sommes forts pour trouver des raisons d'acheter. Lesquelles avons-nous déjà utilisées ? Nous nous disons par exemple : « Je vais l'acheter car... »

- « Ce petit haut est trop mignon. »
- « Cette robe n'est pas chère. »
- « Je n'ai pas de haut violet, ça me changera. »
- « C'est exactement ce que j'ai vu hier dans un magazine. »
- « Je serais tellement belle avec ça. »
- « Je le mérite après tant d'efforts. »
- « J'ai besoin d'être consolée de mes problèmes. »
- « Ça fait longtemps que je n'ai rien acheté. »

Et nous nous retrouvons avec un objet dont nous n'avons pas vraiment besoin, mais qui va remplir notre maison.

Pour moi, le problème n'est pas tant la consommation en elle-même que la surconsommation. Avez-vous déjà retrouvé chez vous des objets encore emballés, tous neufs, ou des vêtements encore étiquetés ? Ces objets, finalement, pourquoi les avons-nous achetés, alors que nous n'en avions pas besoin et qu'ils ont encombré notre espace pendant plusieurs mois, voire plusieurs années ?

Il arrive aussi que le bonheur du shopping consiste juste à pouvoir se payer quelque chose. Quand on a vécu des moments financièrement difficiles, pouvoir s'acheter quelque chose est un plaisir. Pourtant, ce plaisir peut être détaché de l'objet lui-même. Car cet objet, s'il ne correspond pas à un vrai besoin, va vite être oublié au fond de l'armoire.

Les habitudes d'achat

Avez-vous remarqué ces achats qui sont devenus comme des habitudes pour nous ?

Chaque été le nouveau catalogue des maillots de bain sort, comme pour nous dire que nous devons changer de maillot chaque année. Chaque hiver, les magazines nous montrent les coupes à la mode, les nouveaux manteaux. Ils écrivent même que ce sont des « *must-have* ».

Et puis, il y a toutes ces fêtes pour lesquelles nous devons absolument acheter quelque chose, comme :

- La Saint-Valentin
- La fête des mères/pères
- Halloween, pour les déguisements
- Noël
- Les anniversaires

Tout est bon pour nous faire acheter. Sans oublier, évidemment, que ces fêtes reviennent tous les ans. Si nous achetons des objets pour chacune de ces occasions et que nous ne désencombrons pas, nous augmentons au fur et à mesure le nombre d'objets dans notre maison.

D'autre part, notre entourage s'est habitué à voir notre joie lorsque nous recevons des cadeaux. Alors que se passera-t-il lorsque les choses matérielles ne nous attireront plus autant ? Et qu'arrivera-t-il quand nous déciderons de ne plus consommer pour consommer ? Comment notre entourage le vivra-t-il ?

L'identification à l'achat

Une phrase de Jacques Séguéla a fait couler beaucoup d'encre ces dernières années : « Si, à 50 ans, on n'a pas une Rolex, on a quand même raté sa vie ». Cela résume bien ce que l'on attend, souvent, de l'achat d'un objet. Sans parler de Rolex, il y a cette idée assez commune qui dit que plus nous possédons de choses, plus nous sommes importants. Comme si la possession déterminait la valeur des gens.

Les publicités pour des parfums, puisqu'on ne peut pas diffuser l'odeur à travers les écrans, présentent souvent des personnes belles, charismatiques et audacieuses. À travers ces images, nous devons croire que, si nous achetons le parfum en question, nous aurons autant d'assurance que le personnage présenté.

Béa Johnson, dans son livre *Zéro déchet,* a évoqué un sujet qui m'a étonnée. Aux États-Unis, la taille de la pierre sur la bague de fiançailles dépend du revenu du fiancé. Il suffit de jeter un coup d'œil au caillou sur son doigt pour situer notre interlocutrice sur l'échelle sociale.

Les possessions nous rangent dans une échelle de valeurs. Mais le jour où l'on perd tout ce que l'on possède, que devient-on ? Notre valeur en tant que personne n'a pourtant rien à voir avec nos possessions. Comme le dit Harry Truman : « Un homme est riche de tout ce dont il peut se passer ».

Exercice : faire le bilan : réfléchir à sa propre consommation

Votre réaction

Je vous invite à prendre du recul par rapport à la lecture de ce chapitre. Qu'est-ce qui vous a interpellé dans ce qui a été écrit ? Avez-vous vécu les mêmes expériences, partagé les mêmes envies ? Avez-vous observé le même phénomène ou vivez-vous quelque chose de complètement différent ?

Comment vos enfants vivent-ils cette course à la possession, selon vous ? Ont-ils ce besoin, à tout prix, de posséder et de garder en souvenir, ou parviennent-ils à prendre du recul par rapport aux choses matérielles et à ne pas se laisser tenter ?

Faire le bilan

Il est intéressant de faire un petit bilan sur **votre façon** de consommer.

- Les achats : comment faites-vous pour acquérir de nouveaux objets ? Êtes-vous un/e adepte des sorties shopping et lèche-vitrine ou faites-vous plutôt vos achats derrière votre écran ? Les objets que vous aimez vraiment, comment les avez-vous achetés ? Sur un coup de tête ? Après une longue réflexion ?
- Les cadeaux : pour quelles occasions recevez-vous des cadeaux (anniversaires, Noël, fêtes ou cadeaux) ou recevez-vous plutôt des cadeaux spontanés ? Quel genre de cadeaux recevez-vous le plus souvent ? Matériel ou immatériel ? Encombrant ? Utile ou non ?
- Les divers : vous arrive-il de récupérer des objets que vous trouvez ou qui vous ont été donnés ? Est-ce un plaisir, pour vous, de flâner dans les ressourceries, les magasins sans argent ou les *givebox,* puis de retourner chez vous avec un petit trésor déniché pendant vos balades ?

Il est aussi important de connaître les **raisons** pour lesquelles vous consommez :

- Vous posez-vous ces questions à chaque achat : pourquoi j'achète cet objet et en ai-je vraiment besoin ?
- Cherchez chez vous un objet que vous avez acheté et que vous n'utilisez pas. Qu'est-ce qui vous a poussé à l'acheter ? Était-ce parce que vous l'aviez vu dans une publicité ? Dans un magazine ? Ou chez des amis ?
- Pour quelles raisons ramenez-vous chez vous un objet trouvé dans une ressourcerie, une chose qui, à première vue, ne correspond pas à un véritable besoin ?

En pratique

Le but de cette réflexion est de savoir comment vous et vos enfants réagissez face aux tentations de la société de consommation.

Faites un tour dans votre maison et notez sur un carnet tous les objets que vous avez achetés et qui ne sont pas utilisés. Repérez les objets qui sont encore neufs ou qui ont juste été utilisés une fois, il y a quelques années. Essayez de calculer la perte sèche de tous ces achats superflus.

Faites un tour dans la chambre de vos enfants. Jouent-ils vraiment avec tous leurs jeux ? Demandent-ils parfois un jeu pour le délaisser aussi vite ? Finalement, quels sont les jeux auxquels ils tiennent vraiment ?

Réfléchissez à vos habitudes dans votre cuisine. Vous arrive-t-il souvent de jeter des aliments ? Soit parce que certains ont dépassé la date de péremption, sans que vous ne vous en soyez aperçu, soit parce que vous avez cuisiné en trop grande quantité, et que vous n'avez pas pu tout finir avant que le plat ne périsse. Jetez-vous beaucoup de restes tous les jours ?

À essayer

Comme nous l'avons vu dans ce chapitre, nous achetons souvent des objets pour intégrer un groupe. Et si nous essayions de nous affranchir du regard des autres ?

Voici un jeu assez surprenant, mais qui a de plus en plus d'adeptes : seriez-vous capable de ne faire aucun achat en dehors des courses indispensables pendant une année ? Très souvent, nous avons déjà assez de vêtements, assez de produits de beauté, assez d'accessoires et de gadgets en tout genre. Serions-nous capables de vivre uniquement sur notre stock pendant tout ce temps et de rien rajouter dans notre maison ?

2

Une course contre la montre

La vie quotidienne

Je ne sais pas très bien à quel moment le changement s'est fait en moi, mais il s'est opéré à un rythme très rapide lorsque je suis venue vivre en France. À Madagascar, je prenais souvent le bus pour me déplacer. Là-bas, il n'y a pas d'horaires pour les bus : on attend juste à l'arrêt et le bus arrive quand il veut bien arriver, au gré de la circulation. J'avais donc pour habitude d'attendre un bus durant vingt minutes, sans que cela ne me perturbe.

À mon arrivée en France, j'ai découvert comment les Parisiens utilisaient le métro. Pour éviter d'attendre deux ou trois minutes, les gens couraient et s'engageaient dans le métro, même lorsque les portes étaient en train de se refermer. Au risque de s'y retrouver coincés. Cela me paraissait insensé. Pourquoi les gens se hâtaient-ils ainsi à en perdre haleine, juste pour gagner deux minutes ?

Et puis, j'ai fini par faire la même chose. Mon oncle me disait : « Je préfère passer cinq minutes dans mon lit que cinq minutes sur les quais ». Voilà, j'ai donc adopté ce nouveau rythme, et les choses ne se sont pas améliorées quand j'ai eu des enfants.

Le rythme de la vie familiale

Ainsi va la vie de famille actuelle : une incessante course contre la montre. Cela commence dès le réveil et ne se termine que le soir, quand on a enfin la chance de pouvoir fermer les yeux.

7 h : Le réveil qui sonne annonce le début d'un rythme infernal. Les parents doivent vite se lever pour se préparer et préparer le réveil des enfants. Les enfants doivent suivre la même cadence, pour ne pas être en retard. Il faut jouer sur le même tempo que les parents. Les vêtements, le petit déjeuner, le cartable, tout doit être prêt.

8 h 10 : Tout ce petit monde doit vite sortir de la maison pour aller à l'école. À pied, pour les chanceux qui habitent à cinq minutes de l'école. En bus ou en voiture pour les autres, ce qui veut dire qu'on devra sortir beaucoup plus tôt de la maison.

11 h 30 : Quand on a une famille nombreuse, les heures filent à une vitesse folle. Entre la lessive, le rangement et l'administratif, il est déjà temps de reprendre les enfants à l'école pour le repas du midi.

13 h : Retour à l'école après le déjeuner. Il faut que tout le monde soit de nouveau prêt à sortir de la maison. Et ceci, qu'il vente ou qu'il pleuve. Qu'on soit en bonne santé ou malade.

16 h 30 : Après l'école, un petit goûter et c'est reparti pour les activités des enfants.

Une fois que tous les membres sont rentrés à la maison, commence le rituel du soir : devoirs, bain, dîner. Et tout ça, presque à la minute près : il faut être à **20 h 30** au lit pour être d'attaque le lendemain.

Depuis que je suis maman au foyer, je me rends bien compte de ce rythme familial. Un sacré rythme, qu'il faut tenir tout au long de l'année.

Témoignage de Diane, maman de quatre enfants

Un constat simple : être à la tête d'une famille de six personnes est un challenge quotidien. Les journées semblent trop courtes. Le minimalisme a été salvateur pour retrouver du temps et ne plus m'épuiser inutilement.

Depuis ma prise de conscience minimaliste, je vois une nette amélioration en ce qui concerne les objets qui meublent notre espace vital. Nous ne perdons plus de temps à chercher quelque chose : chaque objet a sa place. Pour les tâches ménagères également, plus de gaspillage de temps : moins d'objets, donc moins de poussière. Un gain énorme, également, en ordre : le désordre a tout simplement disparu. L'aspirateur et le nettoyage des sols deviennent des tâches beaucoup moins chronophages. Tous les meubles qui m'empêchaient d'être efficace et qui étaient remplis de choses inutiles ont juste disparu, car ils ne sont plus nécessaires.

Une réelle simplification s'est opérée dans plusieurs domaines : la garde-robe de la famille s'est lestée des vêtements trop grands ou trop petits, les enfants ont une tenue de sport qui, une fois portée, est lavée et rangée à sa place. Le nombre de jouets aussi a été optimisé : ce n'est pas la profusion de jouets, mais

l'utilisation de ces jouets, qui permet aux enfants de développer leur imagination. Là encore, le rangement des jouets de mes bambins est plus rapide. Il n'est plus subi comme une corvée.
Des repas simples et rapides (mais avec goût et diversité de saison) sont planifiés sur quinze jours, en accord avec toute la famille : la liste des courses est simplifiée et je ne perds plus de temps dans les magasins. Ces repas ne nécessitent plus que quinze minutes de préparation pour six personnes (parfois plus, si ces repas sont servis deux fois dans la semaine). Plus d'achats en fonction de nos envies, mais seulement en fonction de nos vrais besoins (matériel de cuisine, vêtements…), cela nous offre plus de temps pour les activités en famille.
Grâce au minimalisme, je me connais réellement. J'achète selon nos goûts personnels et nos convictions (longévité, éthique et pratique). Même la corvée des départs en voyage se transforme en une activité simple et rapide : comme chaque vêtement est visible dans les placards, la préparation des valises est facile et on ne s'encombre plus de choses inutiles pendant les vacances. Le minimalisme m'a également fait prendre conscience que plus on veut acheter, plus on doit travailler. Cet argent gagné est ensuite souvent dépensé inutilement, au détriment de la valeur réelle des produits achetés, au détriment, aussi, du temps disponible pour notre famille.
Fini, le parent qui a épuisé son temps, bienvenue au minimaliste qui utilise le temps épargné pour l'essentiel.

Le rythme de la vie professionnelle

La vie professionnelle des parents n'échappe pas à ce rythme infernal.

Nous assistons à une multiplication des messages dans nos boîtes mail. Tout le monde envoie un email pour n'importe quelle petite information. Sans parler de l'usage intensif des téléphones portables. Pour la plupart d'entre nous, il est maintenant normal de regarder les emails directement depuis un téléphone. Des flux d'informations qu'il faut ingurgiter tout au long de la journée, en continu. Pouvons-nous avoir toutes nos capacités cognitives lorsque nous traitons autant d'informations ?

Et puisqu'il faut faire tout plus vite, nous cherchons le moyen de faire le plus de choses possibles rapidement. Le temps est comme compressé. Il faut accélérer le travail. Nous voyons apparaître de plus en plus de sigles dans les emails, pour ne pas avoir à écrire toute une expression. Les sigles comme ASAP (*As soon as possible*) ou FYI (*For your information*) deviennent monnaie courante.

Cette rapidité est tellement mise en avant qu'elle devient le meilleur argument de vente dans toutes les formes de commerces ou de services. Si on parvient à faire plus vite que notre concurrent, alors les clients viendront plus nombreux.

Il faudrait donc innover sans arrêt, en prenant en compte toutes les contraintes. Le travail devient intense. Dans un environnement pareil, il en faut peu pour que les tensions apparaissent.

Nous perdons la maîtrise de notre temps, notamment en devenant très facilement joignables. Avec notre téléphone portable, nous pouvons être interrompus à chaque instant.

Mais butiner de tâche en tâche ne nous aide pas vraiment à avancer.

Petit à petit, la vie professionnelle s'insinue dans la vie personnelle et la barrière entre les deux devient de plus en plus floue.

La vie dans l'urgence

Aujourd'hui, tout tend à une vie rapide (et une mort rapide ?). Le mot anglais « *fast* » est de plus en plus entendu et utilisé à toutes les sauces.

Les repas sont des *fast food.* Avec le rythme d'aujourd'hui, nous ne prenons plus le temps de nous asseoir pour manger : nous déjeunons sur le pouce. Déjeuner assis prend du temps, alors nous nous contentons parfois d'un sandwich mangé rapidement, avant de reprendre le travail.

Nos vêtements sont issus de la *fast fashion.* Dans les magasins, les collections sont très vite renouvelées, donnant envie au consommateur de revenir. Il est tenté d'acquérir un nouveau vêtement dont il n'a pas vraiment besoin, mais qu'il veut absolument.

Cette rapidité omniprésente entretient le stress ambiant. Il faut toujours se hâter pour en faire davantage.

Les mouvements *slow*

Pour contrer ces habitudes « *fast* » nous voyons depuis la fin des années 1980 se développer la tendance « *slow* ». La *slow food* est le mouvement pionnier de ce nouvel art de vivre. Une association a été fondée pour proposer une alternative à la restauration rapide. Son objectif est de promouvoir une alimentation plus locale et plus éthique, en opposition à l'industrie agroalimentaire. Le mot *slow*, opposé à *fast*, est également un acronyme :

- S = *Sustainable* (durable)
- L = *Local*
- O = *Organic* (biologique)
- W = *Whole* (non traité)

Du mouvement *slow food* a découlé la *slow life* – ainsi que les autres mouvements *slow* – qui est un art de vivre avec lenteur dans tous les aspects de la vie. C'est une envie de vivre en pleine conscience, en rejetant ce besoin d'aller toujours plus vite et en appréciant les petits moments de la vie. La *slow life* connaît de plus en plus d'adeptes, qui veulent retrouver le contrôle de leur emploi du temps.

Le nombre élevé d'obligations

Nos vies se partagent principalement en trois grands domaines, dans lesquels nous avons tous un rôle à jouer : notre vie familiale, notre vie sociale et notre vie professionnelle.

Tant que ces trois domaines s'organisent avec un certain équilibre au sein de notre emploi du temps, nous pouvons être à l'aise dans notre vie quotidienne. Cependant, nous sommes parfois nos propres bourreaux et nos rôles dans chaque domaine s'en trouvent démultipliés.

Les projets que nous nous imposons

À l'heure où les nouvelles technologies font partie intégrante de notre vie, il devient plus facile d'accéder à des informations, à des connaissances que nous aurions obtenues difficilement il y a encore quelques années.

Mais dans la multitude de sites internet sur la toile, on peut facilement se perdre. On ingurgite des masses d'informations de page en page. Qui n'a jamais passé deux heures sur internet sans voir le temps passer ?

Le net regorge de connaissances… Les MOOC (*Massive open online course* – formations en ligne ouvertes à tous) permettent ainsi à une personne lambda d'accéder à des formations dispensées partout dans le monde, et pourquoi pas à un cours donné à Harvard. De nombreuses possibilités s'offrent à nous.

Un peu moins pointus et plus populaires, les tableaux Pinterest présentent des idées créatives venues des quatre coins du monde : que ce soit pour l'aménagement d'un séjour ou pour bricoler avec les enfants, tout y passe. À l'époque où je découvrais Pinterest, je me suis mise à épingler tous les sujets qui m'intéressaient à vitesse grand V. Je multipliais les projets virtuels, sans avoir conscience du travail phénoménal que je m'imposais.

Cette multiplication de projets ne s'arrête pas sur la toile. Au quotidien, nous sommes happés par des « évènements » auxquels nous voulons participer, même si nous ne nous y intéressons que moyennement.

La pression de la société

Il y a dans notre société une idée reçue : pour devenir des parents responsables, nous devrions remplir certains critères.

En effet, quels parents serions-nous, si...

- si nos enfants ne faisaient aucune activité extrascolaire ?
- si nous ne les emmenions pas faire des découvertes en dehors de l'école ?
- si nos enfants n'avaient pas ce que tous les autres enfants ont à leur âge (un certain jouet, une console de jeu, une tablette, un portable…) ?

Si la plupart des obligations relèvent du bon sens, certaines relèvent juste de la pression sociale. Ce regard de travers de la voisine, ce haussement du menton d'un professeur ou ces moqueries des petits camarades nous incitent à nous comporter « comme tout le monde », finalement.

Alors, en bons parents que nous sommes, nous essayons de coller avec les attentes de la société. Nous nous mettons en quatre pour que les enfants aient des jouets comme tout le monde, pour qu'ils ne se sentent pas exclus. Nous essayons de mettre en pratique la dernière façon de communiquer avec les enfants, même si nous avons vécu autre chose dans notre enfance. Nous tentons de faire ce que les parents « normaux » font.

Le sujet de la parentalité est d'ailleurs très en vogue en ce moment, avec l'avènement des nouvelles formes d'éducation. Qu'il s'agisse de l'amélioration de la communication avec les enfants, comme la parentalité bienveillante, la communication non violente ou les apprentissages alternatifs se basant sur les neurosciences, nous retrouvons beaucoup d'indications sur ce que « devraient » faire les parents.

Ainsi, nous nous infligeons de plus en plus d'obligations pour paraître normaux aux yeux de la société, sans même nous questionner sur le bien-fondé de cette « normalité ».

La consommation effrénée d'information

Avec les réseaux sociaux, un petit événement à l'autre bout de la planète peut devenir en quelques minutes une information virale, c'est-à-dire se répandre comme une traînée de poudre partout où la connexion internet existe.

Les évènements se déversent sur notre fil d'informations. Nous en savons un peu plus sur les causes des défenseurs d'animaux en Asie, sur le combat des associations en Afrique, sur les enfants atteints de maladies rares mais aussi, sur les manières d'appliquer la parentalité bienveillante, les différentes méthodes d'apprentissage alternatives, les expériences des uns et des autres…

Tout ça, mélangé aux évènements petits et grands de chacun de nos contacts : leurs anniversaires, leurs vacances, leurs petits bonheurs ou malheurs de la vie quotidienne, qu'ils partagent sans retenue et qui font de notre fil un véritable déluge d'informations.

Et nous nous prenons au jeu. Nous nous sentons concernés par toutes ces informations, pour lesquelles nous devons « faire quelque chose ». L'action peut passer du simple clic « J'aime » à une implication plus importante, par le commentaire ou le partage, pour répandre à notre tour l'information.

Ce petit geste n'est pas anodin, nous devenons un maillon de la chaîne. Mais en quoi la connaissance de toutes ces informations est-elle vraiment bénéfique ? Et notre participation à la diffusion d'informations est-elle vraiment importante ? Car ce flux ne s'arrête pas, il est alimenté perpétuellement.

Exercice : faire le bilan : prenez du recul sur votre emploi du temps

Votre réaction

Vous sentez-vous, vous aussi, débordé par ce que vous « devez » faire ?

D'où viennent vos croyances sur vos obligations ? Ressentez-vous du stress par rapport à tout ce que vous avez à faire au quotidien ?

Faire le bilan

Le temps est une mesure sur laquelle nous n'avons aucun pouvoir. Nous avons tous 24 heures dans la journée. Nous pouvons agir uniquement sur la façon dont nous les utilisons. Regardons notre emploi du temps. À quoi dépensons-nous notre temps, finalement ? Utilisons-nous vraiment notre temps en conscience ?

En pratique

Prenez votre emploi du temps de la semaine. Quelles sont les activités qui vous semblent vraiment obligatoires parmi vos activités professionnelles, vos engagements personnels, vos propres règles ?

Quelles sont les activités qui ne vous apportent rien, mais que vous devez faire ? Dans quelle mesure vous est-il possible de déléguer ?

Y a-t-il des activités que vous pouvez supprimer de votre agenda pour l'alléger et vous consacrer du temps ?

À essayer

Savez-vous que certaines personnes ont fait du repassage une option ? Si cette activité ne vous plaît pas et qu'elle figure parmi vos obligations, pourquoi pas ne pas essayer de vous en passer ?

Voici quelques indications sur l'élimination du repassage :

- Sortez directement votre linge de la machine à la fin du lavage pour que les plis formés par la machine ne restent pas.
- Secouez chaque linge dans deux sens perpendiculaires pour éliminer les plis et/ou faites un semblant de repassage à la main avant d'étendre le linge sur le séchoir.
- Pour certains vêtements qui s'y prêtent, pliez-les et rangez-les avant qu'ils ne soient tout à fait secs.
- Pour les futurs achats, pensez à acheter des vêtements qui ne se froissent pas facilement.

Si vous avez des difficultés avec les chemises pour homme, sachez qu'il existe des sites comme http : //www.chemise-sans-repassage.fr/ qui se spécialisent dans la vente de chemises ne nécessitant pas de repassage.

3

Une course à la performance

L'hyper-compétitivité

De nos jours, la performance est considérée comme une vertu pour pouvoir réussir dans la vie. Cette quête de l'efficacité engendre une compétition entre les pairs, qui n'est pas toujours bien vécue.

Hyper-compétitivité chez les enfants

Inconsciemment, nos enfants, qui vivent dans cette société, connaissent l'hyper-compétitivité dès leur plus jeune âge.

Les comparaisons faciles que les adultes font depuis qu'ils sont tout bébés alimentent déjà la compétition. Un tel a su marcher à dix mois, alors que celui-ci ne le fait toujours pas à dix-huit. Celui-ci a su écrire son prénom très vite, alors que l'autre a pris tout son temps. N'oublions pas enfin les petites remarques pour les inciter à être plus rapides : « Regarde ton petit frère, il a déjà terminé son assiette ».

Ce n'est pas tant la faute des parents que de leur environnement : on nous a tellement dit que pour réussir sa vie (ce qui signifie surtout, dans notre société, avoir un bon travail et la rémunération qui va avec), il faut être parmi les meilleurs et les plus performants.

Nous véhiculons donc le même message à nos enfants. Il faut qu'ils soient efficaces. Et afin qu'ils le soient, nous nous démenons pour leur offrir les meilleures conditions possibles. Il faut donc faire en sorte que les enfants puissent intégrer les meilleures écoles et les meilleures universités.

Les enfants eux-mêmes sont conscients de toute cette attente que nous plaçons en eux. Une étude Ipsos parue en septembre 2015[1] a montré que 52 % des enfants entre 8 et 10 ans ont peur de devenir pauvres, et que 71 % d'entre eux considèrent qu'il est très important d'avoir de bonnes notes pour trouver du travail.

Cet environnement qui récompense la compétition au lieu de valoriser la coopération entraîne plus de frustration et de peurs chez les enfants.

Hyper-compétitivité chez les parents

Les adultes ne sont pas en reste en matière d'hyper compétitivité. Puisque nous avons pris l'habitude de vivre dans ce monde de compétition depuis toujours, nous aussi, nous devenons compétiteurs dans tous les aspects de nos vies.

La société nous pousse à vouloir être meilleur dans tous les domaines : dans la vie professionnelle, dans la vie parentale et dans la vie sociale.

1. http : //www.ipsos.fr/decrypter-societe/2015-09-08-precarite-fait-plus-en-plus-peur-meme-aux-enfants.

Dans le cadre du travail, il ne suffit plus juste de « travailler », il faut « faire carrière ». Peu importe que la productivité s'acquière en dépit du bon sens, de la santé et de la vie de famille. Nous travaillons évidemment pour notre famille mais, ironiquement, ce travail exige de lui accorder moins de temps.

La pression sociale fait que nous nous sentons observés partout, même dans le cadre intime de la famille. Il faut être à la hauteur de ce rôle de parents, et même en faire un peu plus, car nous voulons tous le meilleur pour nos enfants, afin qu'ils ne se sentent pas « différents » des autres. Les inscriptions aux diverses activités artistiques et sportives, les anniversaires, les relations amicales de nos enfants, les innombrables suivis pour certaines difficultés... Nous avons peur de mal faire. Tout le monde, apparemment, doit suivre une certaine norme pour être accepté comme « bon parent ».

D'ailleurs, il suffit de lever les yeux pour trouver des images de vie familiale parfaite : dans les magazines, sur les réseaux sociaux ou dans les articles de blog. Cette volonté d'avoir le meilleur pour nos enfants nous incite à toujours faire plus.

Dans le cadre de la vie sociale, l'avènement des réseaux sociaux a amené une surenchère du paraître. Une étude publiée en octobre 2014 dans le *Journal of Social and Clinical Psychology*[1] a montré que les personnes qui utilisent le plus les réseaux sociaux souffrent de « comparaison sociale » et sont plus vulnérables à la dépression. Regarder seulement la meilleure partie de la vie des autres peut alimenter encore plus le désir de compétition.

---

1. http : //guilfordjournals.com/doi/abs/10.1521/jscp.2014.33.8.701.

Les dérives

La rat race

Aller toujours plus loin, faire toujours mieux que le précédent, être toujours plus efficace ; arriver à une étape, ne pas s'en satisfaire, alors chercher plus loin et recommencer… Les objectifs à atteindre ne s'épuisent jamais. On dit souvent que tant qu'il y a de la vie, il y a de l'espoir. Mais utilisons-nous vraiment cet espoir à bon escient ? La *rat race* est un exemple frappant de dérive de la recherche de performance.

Je vais reprendre ici la définition de Wikipédia, qui explique très bien ce qu'est la *rat race*, littéralement en français la « course des rats » : la *rat race* désigne une course sans fin, autodestructrice ou inutile.

Nous pouvons très bien parler de *rat race* dans la surconsommation, dans le fait de chercher toujours et encore à acquérir plus d'objets. Mais ici, je voudrais parler de *rat race* dans le domaine de la performance.

Il s'agit de ce besoin, sans fin, d'assouvir notre envie de performance. Cette envie est alimentée par une promesse de bonheur et de mieux-être après l'objectif franchi. Mais il se trouve qu'après avoir atteint l'objectif fixé, nous courons toujours après le bonheur. Tel un rat dans sa roue.

La *rat race* est donc un cercle vicieux dans lequel on tombe facilement quand nos objectifs sont améliorables. On peut être accro à cette montée d'adrénaline que procure la recherche de performance.

Le résultat est que nous ne serons jamais satisfaits, car il y aura toujours un autre objectif à atteindre. Un salarié qui rêve d'être à son compte peut se donner pour objectif de créer son entreprise. Une fois celle-ci créée, il voudra obtenir un certain chiffre d'affaires. Une fois ce chiffre d'affaires atteint, il voudra le doubler... et ainsi de suite.

Le souci n'est pas tant dans la mise en place des objectifs (ils nous aident à avancer), mais plutôt dans l'idée que plus on s'active, plus on réussit et plus on est heureux.

La vie est ici et maintenant. Conditionner le bonheur à nos performances est le meilleur moyen de voir sa vie défiler sans en profiter.

Le burn-out

Malheureusement, « burn-out » est une expression que nous entendons beaucoup en ce moment.

« Burn-out » est une expression utilisée depuis 1974 pour désigner l'épuisement d'une personne dans l'exercice de sa profession. Utilisé au départ seulement dans les métiers de l'aide, comme les soignants et les enseignants, le terme est aujourd'hui étendu à tous les domaines professionnels. Le burn-out est un sentiment d'épuisement profond, avec une perte progressive d'énergie résultant d'une hyper sollicitation de l'environnement professionnel. Le malaise ne vient pas uniquement de celle-ci, mais aussi de l'engagement intense du sujet face à cette demande.

Les victimes de burn-out sont donc surtout des personnes qui se consacrent beaucoup à leur travail. Selon le cabinet Technologia : « L'accumulation de travail associée au besoin de travailler plus occasionne un sentiment d'inefficacité personnelle, susceptible d'entraîner de la culpabilité. »

Désormais, le phénomène de burn-out s'étend à d'autres sphères, hors du domaine professionnel.

On entend aussi beaucoup parler de burn-out maternel. Une fatigue qui caractérise les mères de famille submergées et épuisées par la gestion de leur foyer. Celle-ci est décrite par Violaine Guéritaut dans son livre *La fatigue émotionnelle et physique des mères* comme « une profession exigeante mais non reconnue, répétitive mais demandant un sens de l'improvisation, souvent épuisante mais pratiquement sans vacances : celle de mère [ou de père, selon les cas] ».

Mais finalement, personne n'est à l'abri. Dans son livre paru en 2016, Béatrice Millêtre, docteur en psychologie, explique l'existence du burn-out chez les enfants.

Plus personne n'est épargné par cette pression omniprésente. D'après une étude faite par Technologia en 2014, plus de trois millions de Français ont un risque élevé de burn-out.

EXERCICE : faire le bilan : réfléchir à « son combat »

Votre réaction

Ce sujet peut être très variable d'une personne à l'autre. Je livre ici un constat de ce que je fais en général.

Ressentez-vous également cette pression ou votre quotidien est-il tout à fait différent ?

Faire le bilan

Être conscient qu'on est pris dans le cercle vicieux de l'hyper compétitivité n'est pas toujours évident, car nous avons grandi avec cette valeur.

Prenez cependant du recul par rapport à votre fatigue et vos activités. Quel est le rapport satisfaction/épuisement pour votre activité principale ?

En pratique

Il est important de prendre en compte un point : nos ressources en temps et en énergie sont limitées. Il est donc plus indispensable que jamais de choisir « son combat » pour se focaliser sur celui-ci.

Dans un environnement de « bruit permanent », la solution est d'éliminer tous les bruits, pour ne garder qu'une seule voix. Facile à dire, mais compliqué à faire. Je vous conseille de vous asseoir et de noter sur un papier tous les « bruits » qui font de vous une personne « débordée ». Mettez par écrit toutes les choses que vous devez faire, même les plus insignifiantes, afin de vous vider la tête. Une fois qu'elles seront couchées sur le papier, vous pourrez plus facilement les trier et supprimer définitivement les actions qui ne vous apportent rien.

Quel combat voulez-vous vraiment mener ?

À essayer

Se souvenir d'un rendez-vous ou d'une chose à faire, le ou la mettre dans un coin de la tête, cela constitue un « bruit » qui nous oblige à rester en alerte.

Pourquoi ne pas essayer de reposer votre cerveau ? Si vous n'en avez pas l'habitude, fonctionnez dès à présent avec cette feuille de papier, avec un agenda ou avec un « *bullet journal* », dans lequel vous noterez tout.

En regardant toutes ces actions sur le papier, vous pourrez prendre des décisions plus rationnelles. Si vous gardez tout dans votre tête, vous n'aurez pas assez de recul sur le travail à faire. Je parie que plusieurs de ces « bruits » peuvent être tout simplement effacés, car finalement vous ne les jugerez plus assez importants.

Le bullet journal

Le *bullet journal*, c'est la grande tendance du moment. L'idée de base est toute simple : c'est un carnet qui permet de s'organiser. L'originalité se trouve dans son utilisation. Le carnet est personnalisable, il se modèle selon l'envie de son propriétaire. Ce petit carnet, où tout est décrit, permet notamment de lutter contre la procrastination, de gérer au même endroit les différents domaines de notre vie et de ne plus disperser des notes[1].

1. http : //bulletjournal.fr/

4

Une course au temps pour soi

Les voleurs de temps

Nous l'avons vu dans les pages précédentes, nos obligations nous forcent à adopter un rythme de vie haletant, dicté par l'urgence. Au-delà de ces activités que nous « devons » faire, il y a des situations qui nous empêchent d'avoir du temps pour nous.

Ces voleurs de temps que nous rencontrons sur nos chemins, tels des obstacles qui nous empêchent de profiter pleinement de nos heures, ne sont pas inscrits dans notre emploi du temps. Ils jalonnent seulement nos journées, nous faisant perdre de précieuses heures et minutes. Un temps dont nous aurions besoin pour réfléchir, ne rien faire, être nous.

Les objets inutiles

Un jour, j'ai fait un tri dans un domaine que je laisse toujours de côté, puisque je n'y ai pas grand-chose : les appareils qui meublent le séjour. Ces appareils nous servent à écouter de la musique, à regarder des vidéos, à jouer à des jeux vidéo. Nous avons fait l'acquisition d'un lecteur blu-ray DVD il y a des années. Or, au moment où j'ai fait mon tri, je me suis rendu compte qu'il n'avait jamais été utilisé ! Non seulement nous n'avons pas acquis beaucoup de blu-rays, mais surtout, quand il nous arrive de les regarder, nous utilisons une console de jeux qui peut les lire !

Face à ce lecteur blu-ray DVD, je me suis sentie un peu bête, car nous l'avons acheté à un moment où ce genre de lecteur coûtait encore relativement cher. En outre, l'achat n'a pas du tout été rentabilisé.

Je me pose alors la question de m'en séparer. Vient cependant la culpabilité d'avoir dépensé de l'argent pour cet appareil. Mais est-ce seulement ce qu'on a perdu pour acquérir cet objet ? À bien y réfléchir, non. Cela nous a coûté beaucoup de temps également, voyez donc :

La recherche de l'objet qui nous convient

À partir du moment où nous avons voulu acquérir ce lecteur, nous avons passé du temps sur internet à chercher l'appareil qu'il nous fallait. Nous avons regardé les marques et modèles, lu les avis et comparé les caractéristiques de celui que nous voulions avec celles des autres.

Le déplacement en magasin

La recherche sur internet ne nous suffisait pas : nous avons fait le déplacement en magasin, pris du temps pour parler à un vendeur, pesé le pour et le contre pour chaque modèle. Enfin, nous avons choisi celui qu'il nous fallait, nous l'avons payé et rapporté à la maison.

Le rangement

Bien sûr, ce lecteur devait occuper une place dans le meuble TV. Dans certains cas, il faut acheter aussi un nouveau meuble pour pouvoir mettre le lecteur. Heureusement, nous n'avons rien acheté en plus. Il faut enfin prendre du temps pour brancher le lecteur et comprendre comment il fonctionne.

L'entretien

Tous les objets posés dans la maison deviennent des nids à poussière s'ils ne sont époussetés régulièrement. Il faut donc prendre le temps de faire le ménage sur chacun de ces objets. Je n'ai pas calculé le nombre de fois où j'ai dû épousseter ce lecteur, mais à bien y réfléchir, quelle perte de temps : s'occuper de quelque chose qui ne nous sert pas, quel gâchis ! J'aurais pu utiliser ce temps à meilleur escient, j'aurais pu lire un peu plus longtemps par exemple. Inutile de préciser que je préfère nettement la lecture au ménage !

Le tri

Vient le jour où nous voulons faire un tri, et où nous nous retrouvons devant cet objet. Nous nous posons des questions, nous culpabilisons, nous réfléchissons à la manière de nous en séparer. Le donner à un proche ? Le vendre sur internet ? Le mettre dans un dépôt-vente ? Toute cette réflexion pour un objet qui n'a pas été utilisé.

La séparation

Enfin, il y a le temps et l'énergie qu'il faut dépenser pour se séparer de l'objet. Car nous n'allons tout de même pas le mettre à la poubelle. Nous voulons nous en séparer intelligemment, alors nous devons nous déplacer de nouveau pour l'offrir à un ami ou l'amener à une ressourcerie.

Quelle aventure ! Quelle perte de temps ! Le prix d'un objet ne se résume pas à la somme d'argent payée en caisse, mais il représente tout ce temps, ces bouts de vie que nous avons perdus à nous en occuper.

La disponibilité à toute épreuve

Avoir du mal à dire « non », c'est ouvrir la porte à toutes les activités qui ne nous conviennent pas ou ne nous plaisent finalement pas. C'est souvent un mot difficile à prononcer, surtout si la question est posée ainsi : « Ça te dérange si… ? » Répondre : « Oui, ça me dérange » n'est pas évident.

Pour être gentil, pour ne pas faire de la peine ou se sentir coupable, nous disons souvent oui à des demandes que, tout au fond de nous, nous n'aurions pas voulu accepter.

Lorsque nous acceptons beaucoup de sollicitations, nous nous rendons très disponible pour notre entourage. Cependant, dire oui à quelque chose qui ne nous correspond pas, c'est dire non à un peu de temps pour nous.

Qu'auriez-vous fait si vous n'aviez pas accepté d'aller récupérer cet objet pour cet ami ? Qu'auriez-vous planifié si vous n'aviez pas à rendre tous ces petits services demandés par votre voisine ? Ou bien qu'auriez-vous aimé faire à la place de cette visite au musée ?

Dire « oui » quand on n'en a pas envie, cela nous fait entrer dans un processus négatif : nous acceptons avec un sentiment de regret. Nous ressentons parfois de la rancœur face à celui qui nous a demandé le service. Nous ne sommes pas contents de nous, car nous n'avons pas pu dire non, et notre estime personnelle peut en prendre un coup. Mais surtout, nous avons perdu de précieuses heures ou minutes pour nous-mêmes.

Dans la disponibilité à outrance, j'inclus également notre disponibilité sur les réseaux sociaux. Quand nous passons la plupart de notre temps à « errer » dans ces univers virtuels sans réel but, nous y perdons des heures sans nous en apercevoir.

Le manque d'ordre

Savez-vous que, d'après une étude faite sur 3 000 personnes, nous passons en moyenne 153 jours dans notre vie à chercher les objets que nous avons chez nous[1] ? Les clés, les lunettes, les papiers administratifs... Tous ces objets importants se perdent parmi d'autres qui le sont moins, ou pire, qui sont vraiment inutiles. Je me rappelle d'une soirée que j'ai passée à chercher une feuille d'impôts pour constituer un dossier à rendre le lendemain matin. Quel stress ! Et quelle perte de temps, tout de même !

Si vous êtes en train de lire ce livre, je suppose que vous êtes passé/e par les stades qui m'ont fait adopter le minimalisme. Ne plus chercher pendant de longues heures des objets était vraiment l'un de mes premiers objectifs. Cela m'a amenée à réfléchir. Nous accumulons tant d'objets peu importants, que nous avons du mal à retrouver ceux qui le sont vraiment.

Si tous les matins, vous vous retrouvez à chercher vos clés avant de partir de la maison, il est temps de leur

1. http : //www.dailymail.co.uk/news/article-2117987/Lost-today-Misplaced-items-cost-minutes-day.html.

accorder un endroit attitré et d'enlever tous les objets inutiles autour.

Parmi les objets peu importants que l'on garde, il y a les « au-cas-où ». Ces objets ne nous sont pas utiles au quotidien, mais ils sont là car nous pensons que nous en aurons besoin plus tard. Ceux-ci sont vraiment les objets qui encombrent nos maisons et qu'il faut entretenir. Ils constituent en général le fouillis. Ce « au-cas-où » est bien sûr hypothétique, et le jour où nous avons vraiment besoin de l'objet en question (des mois, voire des années plus tard), nous ne le retrouvons plus et nous devons racheter le même objet en magasin, car c'est plus rapide que de le chercher partout dans la maison. Bien sûr, une fois qu'on aura acheté le nouvel objet, l'ancien sortira de sa cachette. Classique !

Les conséquences du manque de temps en famille

Une enquête CCM Benchmark Panel réalisée par le *Journal des Femmes* et *Famillathlon* sur plus de 1 000 familles, en septembre 2014, a montré que les Français regrettaient d'être trop peu disponibles pour leurs proches. 94 % des parents interrogés voudraient passer plus de temps en famille.

Quand le manque de temps au sein de la famille est flagrant, cela engendre des situations bien désagréables.

Le stress et le mal-être

Cette impression de courir après les obligations, ce sentiment de ne pas avoir assez de temps pour soi peut, à la longue, générer un mal-être.

Comment pourrions-nous être à l'aise et serein dans notre vie, alors que nous n'avons même pas le temps de nous occuper de nous, du corps dans lequel nous vivons ?

La plupart du temps, nous ne nous en rendons même pas compte. Cependant, combien de fois avons-nous dit : « Je n'ai pas le temps de faire du sport » ou « Je n'ai pas le temps de m'occuper de moi (aller chez le coiffeur, participer à un atelier, se consacrer à une passion) » ? Quand les obligations de base sont remplies, ne doit-on pas faire passer en priorité les activités pour prendre soin de soi ?

Lorsque nous ne nous accordons plus de temps pour nous, nous avons le sentiment de vivre uniquement pour les autres. À la longue, la rancœur grandit. On se sent épuisé sans même avoir avancé. Et quand on ne prend plus soin de sa santé, les conséquences s'aggravent.

Les conflits et incompréhensions intergénérationnelles

Ne pas avoir de temps pour se parler, pour s'écouter, pour se comprendre l'un l'autre ouvre la porte à différents conflits. Sans communication, comment pouvons-nous savoir ce que ressent l'autre ? Comment connaître son point de vue, les évènements qu'il traverse ? Et ceci est d'autant plus fort quand il s'agit de générations différentes : dans le cas, par exemple, d'une relation parents/enfants ou grands-parents/petits-enfants. Les liens sont alors fragilisés.

À chaque génération ses opinions, ses valeurs, ses préoccupations. Mais si le contact est interrompu, la compréhension ne peut pas être bonne. L'incompréhension et l'absence de communication au sein de la famille peut engendrer de l'irrespect entre ses membres, un climat tendu au quotidien et même une rupture dans les relations.

L'impression du temps qui passe trop vite

L'humain est d'un naturel impatient. Quand on est enfant, on veut vite devenir un grand. Quand on est encore dans les études, on a hâte d'entrer dans le monde du travail pour pouvoir gagner de l'argent. Quand on a des enfants en bas âge, on a hâte qu'ils grandissent et deviennent plus autonomes.

Mais quand, un jour, nous sortons la tête de l'eau et prenons du recul sur cette impatience perpétuelle, nous nous rendons compte, soudain, que les enfants ont grandi, que nous avons traversé tant d'années. Nous nous demandons alors ce que nous avons fait.

Ma mère me dit souvent : « Attention, la vie n'est pas si longue ». La tête dans le guidon, nous ne voyons pas le temps passer. Quel parent n'a jamais entendu, ni prononcé cette phrase, à propos des premiers mois de son enfant : « ça passe trop vite ! » ? Certains parents confessent même ne pas avoir vu leurs enfants grandir.

Les caprices de l'impatience et les voleurs de temps nous font traverser les années sans que nous ne nous en rendions compte. Les regrets viennent alors, mais il est généralement trop tard.

Profiter, le plus souvent possible, de ces petits moments passés ensemble permet de se faire beaucoup de beaux souvenirs. En faisant cet effort, vous pourrez vivre pleinement la vie de famille.

Exercice : faire le bilan : penser aux activités chronophages

Votre réaction

Nous avons repéré dans ce chapitre les voleurs de temps, qui nous empêchent de nous occuper vraiment des choses qui comptent pour nous.

D'où viennent vos croyances sur vos obligations ? Tout ce que vous devez faire au quotidien vous stresse-t-il ?

Faire le bilan

Si vous aviez du temps devant vous, quelles activités feriez-vous ? Êtes-vous de ceux qui disent : « je n'ai pas le temps de faire du sport », alors que vous passez deux heures à naviguer sur internet chaque soir ?

Vous est-il déjà arrivé d'acheter un objet qui n'a jamais été utile et vous a fait perdre du temps ?

Combien de temps passez-vous à chercher vos clés/vos lunettes ?

En pratique

Listez les activités qui vous prennent du temps au quotidien.

Listez les activités que vous aimez vraiment.

L'idée est de remplacer les activités voleuses de temps par quelque chose qui compte vraiment pour vous : pratiquer du sport, cuisiner sainement, passer du temps en famille, lire, écrire… Cette liste vous sera utile pour vous souvenir de vos priorités. Traquez chaque situation et activité chronophage. Ainsi, à chaque fois que vous vous retrouvez dans la situation chronophage, vous en serez conscient et serez plus à même de corriger vos gestes.

À essayer

Pour passer le temps, vous surfez peut-être sur internet, sur votre téléphone. Pour vous, il s'agit peut-être de quelques minutes, mais nous ne sommes pas toujours conscients du temps que cela nous prend vraiment.

Certains smartphones comptabilisent le temps que vous passez sur une application. Jetez-y un œil, pour savoir où vous perdez votre temps.

Il existe également des applications comme « Atracker » qui vous permettent de chronométrer vos activités de la journée. Essayez de le faire sur une semaine, vous aurez une idée générale de l'utilisation de votre temps, car l'application vous donne les statistiques et vous pouvez corriger votre temps par la suite.

5

Une course vers un environnement plus inquiétant

L'impact de notre environnement actuel sur notre santé

Je ne sais pas pour vous, mais moi, tout ce que j'entends aujourd'hui sur les pesticides, les perturbateurs endocriniens et les substances chimiques me fait plus en plus peur. Ma santé, ainsi que celle de ma famille, sont en jeu. Je cherche donc activement à vivre de manière saine. Que ce soit pour mon alimentation ou pour les produits utilisés tous les jours.

Oui, notre environnement est de plus en plus inquiétant. Mais nous mettrons du temps à changer, à nous adapter. Changer d'habitudes du jour au lendemain demande beaucoup d'énergie. Si nous voulons manger plus sainement par exemple, alors que nous avons eu l'habitude d'acheter des plats tous prêts, il nous faudra apprendre à cuisiner. Apprendre à cuisiner prend du temps. Changer pour une vie plus saine prend du temps.

Notre exposition au sucre

Bien sûr, les plats préparés ont l'avantage d'être simples d'utilisation, rapides et pratiques. Au lieu d'acheter plusieurs ingrédients et de passer du temps à les cuisiner, il suffit d'acheter un paquet, de le mettre au micro-ondes et, en deux minutes, nous voilà prêts à déguster un plat chaud.

Mais pour que le plat se conserve plus longtemps, se présente mieux et soit goûteux, l'industriel a ajouté quelques ingrédients dans votre plat : des conservateurs, des colorants, des exhausteurs de goût... Par ailleurs, très souvent, ces plats contiennent plus de sucre et de sel qu'un plat cuisiné à la maison. Ainsi nous ingurgitons des produits dont notre corps n'a pas vraiment besoin et qui peuvent même le fragiliser.

Selon l'OMS[1], le sucre figure parmi les dix principales causes de mortalité dans le monde. Il est si présent dans notre nourriture que nous en consommons sans même nous en rendre compte. J'ai tenté un challenge sans sucre pendant une semaine et je peux vous assurer que c'est très difficile. La plupart des aliments que je consommais habituellement contenaient du sucre. Or, pour savoir et contrôler ce que contient sa nourriture, il faut la préparer soi-même.

Cette logique ne s'arrête pas à l'alimentation : vous pouvez aussi composer vous-même cosmétiques et produits d'entretien. La sortie du livre *Zéro déchet* de Béa Johnson a suscité un grand intérêt sur ce sujet. Cet ouvrage a incité plusieurs personnes à faire leurs propres produits eux-mêmes. Sur internet, vous trouverez facilement des recettes et conseils pour éviter les substances toxiques.

1. http : //www.who.int/mediacentre/factsheets/fs310/fr/

Différence entre minimalisme et simplicité volontaire

Les deux termes peuvent parfois être confondus. Ils représentent cependant deux mouvements distincts qui peuvent être liés.
Le minimalisme est la philosophie qui consiste à vivre mieux en ayant moins. Il nous apprend donc à nous détacher des objets et à reconsidérer nos possessions.
La simplicité volontaire est un terme plus large, qui pourrait englober le minimalisme tel que défini plus haut. La simplicité volontaire incite à vivre avec moins, mais elle inclut aussi la volonté de diminuer l'impact de sa consommation sur l'environnement. La simplicité volontaire est plus axée que le minimalisme sur l'écologie, le recyclage, l'autosuffisance et l'entraide.

Notre exposition aux pesticides

Depuis quelques années déjà, l'association « 60 millions de consommateurs » publie des études sur les produits que nous utilisons au quotidien. Ces études signalent notamment la présence d'éléments indésirables dans les produits vendus, des ingrédients parfois sujets à controverses.

Même lorsque nous préparons nos plats et nos produits à la maison, les ingrédients de base peuvent être issus de l'agriculture chimique, qui n'est pas forcément bonne pour notre organisme.

En 2015, une chaîne suédoise d'épiceries coopératives, nommée Coop, a effectué une étude sur une famille de cinq personnes. Son objectif : observer pendant un mois l'impact de la consommation d'aliments issus de l'agriculture traditionnelle et biologique sur notre organisme. Durant les deux premières semaines, la famille achète sa nourriture dans la grande distribution. On a retrouvé huit pesticides dans l'urine de chacun d'entre eux. En mangeant bio les deux semaines suivantes, les membres ont vu diminuer très significativement la présence de pesticides dans leur organisme.

Bien que la présence des pesticides dans le corps ne soit pas dangereuse à court terme, nous pouvons nous demander si, à long terme, ces substances ne sont pas néfastes pour notre santé (notamment chez nos enfants, dont le système immunitaire est encore en développement). D'autre part, l'interaction entre les différents pesticides n'a pas pu être étudiée, à cause de la trop grande diversité génétique de l'espèce humaine. L'effet « cocktail » des nombreux pesticides que nous ingérons n'est donc pas prévisible.

Notre exposition aux perturbateurs endocriniens

Pourquoi parler de perturbateurs endocriniens dans un livre consacré au minimalisme en famille ? Parce que je suis persuadée que si nous faisons plus attention à nos achats, à choisir consciencieusement chaque objet et chaque produit, nous protégerons notre famille d'une exposition importante à ces substances.

Les perturbateurs endocriniens sont des substances qui peuvent interférer avec notre système hormonal et agir sur le fonctionnement normal de celui-ci. Ils provoquent ainsi des problèmes de santé.

L'OMS et le PNUE (Programme des Nations unies pour l'environnement) ont publié en 2013 une étude complète sur les perturbateurs endocriniens[1]. Cette étude conclut qu'il est possible que ces substances jouent un rôle dans certaines maladies comme le cancer du sein, de la prostate et les troubles du développement du système nerveux chez l'enfant.

Les pesticides figurent parmi les perturbateurs endocriniens, mais pas seulement. En 2011, une étude de la santé publique auprès des femmes enceintes a montré que les perturbateurs endocriniens étaient omniprésents dans notre environnement. Toutes les participantes présentaient dans leur sang et dans leur urine des phtalates, des pesticides et des dioxines.

Dans un magasin, lorsque nous devons acheter un produit, il ne suffit donc plus de se demander si ce dernier sera pratique, mais également s'il sera bon pour notre santé. En vous posant ces questions, vous ne ferez plus aussi souvent vos achats sur un coup de tête.

L'impact écologique de notre consommation

Tous ces objets que nous achetons sans même y penser ne nuisent pas seulement à notre santé ou à notre portefeuille. En effet, l'acte d'achat en lui-même, s'il est facile pour le consommateur, est plus complexe qu'il n'y paraît.

Béa Johnson le dit dans son livre : acheter un objet, c'est encourager toute la production qui se cache derrière l'objet. Si on arrête d'accepter les stylos offerts pendant

1. http : //www.who.int/ceh/publications/endocrine/en/

les salons, les organisateurs cesseront d'en donner. Et si les organisateurs cessent d'en acheter pour leurs événements, cela aura un impact sur la production de ces fameux stylos.

La production des objets

Puisque l'être humain est complexe, et qu'il faut de tout pour faire un monde, on voit sur le marché de nombreux objets que l'on peut considérer comme inutiles.

Le problème n'est pas tant l'existence de ces objets que tout ce qu'ils impliquent. Ces objets, bien qu'inutiles, sont produits. Or la production d'objets, en général, nécessite l'utilisation de ressources naturelles qui ne sont pas toujours renouvelables. En outre, leur fabrication ne se fait pas toujours dans le respect de l'environnement ni des hommes qui les produisent. Je pense à tous ces produits chimiques rejetés dans la mer par l'industrie textile, et à tous ces employés sous-payés en Asie. Acheter un objet inutile revient donc à encourager sa production et à contribuer au désastre écologique qui en découle.

Les déchets

Il n'y a pas que la production de l'objet qui pose un problème environnemental. En effet, après l'avoir utilisé (ou pas !), nous voulons nous séparer de l'objet auparavant convoité. Les objets jetés viendront remplir les incinérateurs qui rejettent des substances toxiques dans notre atmosphère. Après l'incinération, les industriels doivent gérer les déchets ultimes. Ces déchets, très dangereux, devront être stockés (de façon parfois hasardeuse) à plusieurs centaines de mètres sous terre.

De plus, notre surconsommation entraîne une surproduction de déchets. Comment la terre peut-elle résorber, absorber toute cette production ? Le mouvement « zéro déchet », qui a pris de l'ampleur ces dernières années, met l'accent sur cette production massive de déchets, qui résulte de notre consommation.

Pour produire moins de déchets, il faut donc réfléchir à nos besoins bien avant l'achat. Lorsque l'objet sera entré dans notre maison, il sera déjà trop tard.

Témoignage de Marie, maman de deux enfants

Je n'ai jamais été une grande accumulatrice, mais je ne faisais pas du tout attention à la qualité de ce que j'achetais. Par exemple, je possédais un nombre relativement décent de vêtements, mais ces derniers venaient de grandes chaînes qui les font fabriquer à l'autre bout du monde dans des conditions désastreuses. Mon frigo était rempli de nourriture industrielle, même si j'ai toujours veillé à ne pas gaspiller de nourriture.

La naissance de mon fils a été le déclic pour moi. À partir de ce moment, j'ai cheminé vers une vie plus simple et plus saine. Il m'a fallu choisir des alternatives plus en phase avec mes nouvelles convictions. Le piège qui se profilait était de vouloir trop en faire : faire maison, notamment, cela prend du temps. J'ai alors opté pour une double stratégie :

1. Gagner du temps ailleurs.
2. Simplifier ma vie au maximum.

Comme toutes les mamans actives, je cours après le temps. Mais quelques gestes simples m'en font gagner énormément : je ne regarde plus la télé, je ne fais plus les magasins, je n'erre plus sans but sur les réseaux sociaux. Pour simplifier ma vie, j'ai appris à mieux l'organiser : mon ménage est planifié (or moins on a d'objets et de meubles, plus il va vite !), mes courses aussi (vive les menus et la liste de courses !).
J'ai grandement simplifié mon alimentation afin de ne pas passer des heures en cuisine. Et pourtant je me nourris beaucoup plus sainement : le plus souvent, des légumineuses, des céréales et des légumes de saison font l'affaire. Parfois, je fais des plats plus élaborés et j'accepte alors d'y consacrer du temps, car c'est un temps choisi et non subi. Pour ma part, je préfère mille fois passer trente minutes en cuisine que de regarder le dernier épisode d'une série !
J'ai aussi beaucoup simplifié ma routine beauté en n'utilisant plus que des produits bruts : farine de pois chiches pour les cheveux, huiles végétales de qualité pour le visage, savon de Marseille pour le corps.
Aujourd'hui, grâce à mon mode de vie minimaliste, je ne cours plus après le temps. Mon temps est précieux et j'en ai retrouvé la maîtrise en le consacrant à ce qui est essentiel pour moi : ma famille et la lutte contre la surconsommation.

Exercice : faire le bilan : penser à l'empreinte écologique de la famille

Votre réaction

Notre consommation a un fort impact sur la planète et donc sur l'avenir que nous laissons à nos enfants. Ces sujets sont ici traités de manière superficielle : d'autres livres en parlent mieux et plus en profondeur. Cependant, cette vue « macro » de l'impact de nos choix sur notre environnement vous parle-t-elle ? En quoi ce sujet peut-il vous influencer dans vos futurs achats ?

Faire le bilan

Pensez à la façon dont vous faites les courses. Chaque petit mouvement que nous faisons peut avoir un impact sur notre santé et sur notre environnement. Où faites-vous vos courses ? Quels produits achetez-vous d'habitude ? Comment vous rendez-vous au magasin ? Avez-vous fait attention, jusqu'ici, à la qualité de votre alimentation ?

La production et l'élimination du plastique est catastrophique pour l'environnement. Quelle est l'empreinte écologique de votre famille dans ce cas précis ?

En pratique

Pourquoi ne pas essayer de se mettre au zéro déchet ? C'est un mouvement qui consiste à diminuer progressivement les déchets générés par la famille.

Le mouvement du zéro déchet conduit à repenser toutes nos habitudes en matière de consommation. Béa Johnson conseille d'appliquer sa méthode des « 5R » pour y parvenir. Dans l'ordre donc :

- *Refuse* : refuser ce dont on n'a pas besoin.

- *Reduce* : réduire ce dont nous avons besoin et ne pouvons pas refuser.
- *Reuse* : réutiliser ce que nous consommons et ne pouvons ni refuser, ni réduire.
- *Recycle* : recycler ce que nous ne pouvons ni refuser, ni réduire, ni réutiliser.
- *Rot* : composter le reste.

Les produits sans emballage se trouvent surtout dans les rayons de vrac ou au marché. En essayant la méthode zéro déchet, vous pourriez donc vous nourrir autrement, plus sainement. Puisque l'objectif est de produire moins de déchets, évitez au maximum d'acheter des aliments tout prêts, emballés, même bios.

À essayer

Si vous voulez aller plus loin, je vous conseille de lire le livre *No impact man*, écrit par Colin Beavan.

Colin Beavan y raconte son expérience et celle de sa famille. Ensemble, ils ont essayé de vivre sans impact écologique sur l'environnement, ce que Colin résume ainsi : « pas de déchets, pas de produits toxiques rejetés dans l'eau, pas d'ascenseur, pas de métro, pas d'emballage, pas de climatisation, pas de télé, pas de papier toilette ».

Partie II

LE MINIMALISME ET SES BIENFAITS SUR LA FAMILLE

1

Ce qu'est le minimalisme

Définition générale

On entend beaucoup parler du minimalisme en ce moment, comme d'un nouveau genre de vie à la mode. Mais qu'y a-t-il vraiment derrière ce terme ? En quoi consiste-t-il ?

Le minimalisme

Le minimalisme, c'est l'art de vivre avec ce qui nous est uniquement essentiel. Il s'agit donc de déterminer cet « essentiel » et de nous débarrasser de tout ce qui est superflu dans notre existence.

Qu'est-ce qui peut être superflu ? Ce peut être cet objet que l'on possède et que l'on n'a jamais utilisé, cette tâche que l'on a acceptée mais qui ne nous fait pas plaisir, cette relation que l'on garde tout en sachant qu'elle est toxique.

Le minimalisme nous incite à simplifier notre vie au maximum pour en tirer le meilleur. C'est ce que nous allons voir dans les chapitres suivants.

Les ressources web sur le minimalisme

Plusieurs blogs et chaînes YouTube traitent du minimalisme. Pour les chaînes YouTube, citons « Vivre avec moins », « Simply Sophie », « Rachel Aust » et « Jenny Mustard ». Pour les blogs, il y a, entre autres, le mien, www.maman minimaliste.fr, celui d'Élodie Joy-Joubert, www.sirenebio.fr, de Judith Crillen, www.mamansorganise.com, de Maeva, www.lacabanedemoe, de Joshua Fields Millburn et Ryan Nicodemus, www.theminimalists.com, de Francine Jay, www.missminimalist.com.

Devenir minimaliste

Comment devient-on minimaliste ? J'ai posé la question à quelques minimalistes et, à quelques étapes près, ils ont vécu la même chose que moi (pas toujours dans le même ordre, cependant). Voici à peu près leur cheminement vers le minimalisme :

1. Une vie encombrée : maison, bureau, emploi du temps, relations...

Je pense que la plupart d'entre nous l'ont connue : cette impression d'étouffer sous les objets, les obligations, les emplois du temps, le ménage, le repassage...

Il faut réparer une chose, raccommoder une autre, ranger la cuisine, appeler quelqu'un, repasser les vêtements du petit, retrouver des papiers administratifs dans une pile et j'en passe. Nous courons après le temps et nous pensons naïvement que nous ne sommes juste pas doués pour l'organisation.

Nous pensons aussi que tout ceci sera réglé quand nous aurons mis au point un super système pour gérer notre temps. En bref, nous croyons pouvoir vivre comme un robot au rythme des heures qui passent.

2. Une lecture qui change la vie : la découverte d'un livre, d'un blog...

Et puis, un beau jour, on tombe sur un livre, un blog ou un article de magazine qui parle du minimalisme comme d'un art de vivre, de la simplicité comme mode de fonctionnement. Un texte ou une vidéo aborde enfin de manière positive le ralentissement, la « slow life », au lieu de vanter la course contre le temps.

3. Une prise de conscience sur cette société de consommation

Le futur minimaliste se demande alors ce qu'il se passerait si, au lieu d'organiser, de réparer, d'entretenir, de ranger… il éliminait. Tous ces objets qu'il possède nécessitent un entretien et/ou une utilisation régulière. Il se rend compte, par exemple, qu'un gadget électro-ménager lui coûte plus d'argent que son prix d'achat. Nous l'avons vu : cet objet coûte de l'espace dans la maison ; il coûte aussi le temps de son entretien, de son nettoyage, de sa réparation, de sa réduction en déchet ; il coûtera enfin à la planète, quand viendra le moment de se débarrasser de lui. Dès lors, avant d'acheter, l'apprenti minimaliste se pose la question : cet objet vaut-il vraiment tout ça ? Prenons l'exemple d'un gadget qui permet de peler une pomme plus vite qu'un couteau normal. À l'achat, le minimaliste n'oubliera pas qu'il peut prendre la place d'une brique de lait dans le placard, qu'il peut nécessiter des réparations et qu'il est fait dans un plastique non recyclable (il est donc un danger pour la planète). Les quelques secondes gagnées avec ce gadget ne sont rien face à l'encombrement et à la pollution auxquels il participe. Notre vieux couteau est de loin le meilleur outil pour peler une pomme. Sans compter qu'il peut également servir pour découper les légumes, la viande, le pain, et même, parfois, pour dévisser !

4. Des questions existentielles : quel est mon essentiel ? Comment trier ?

Après cette prise de conscience, on se met à reconsidérer tous les objets que l'on possède. Lesquels sont vraiment utiles et nécessaires ? Lesquels sont issus d'un achat compulsif et se retrouvent au fond du placard ? Lesquels ne sont pas vraiment utiles et pourtant indispensables à notre bien-être ? De ces questions ressortira la liste de nos essentiels. Cette liste est totalement subjective, car chacun de nous est unique. Cette liste dépend de nos activités, de notre métier, de notre situation familiale et de notre environnement.

5. Le début du changement : le désencombrement de la maison

On commence à trier ses affaires, à réfléchir à l'utilité de chaque objet, à se demander s'il ne fait pas double emploi avec un autre. Et si l'autre n'est pas finalement plus pratique. C'est à ce moment que l'on se demande comment on a fait pour amasser autant en quelques années. Pendant le tri, on retrouve des objets qu'on avait totalement oubliés, ce qui renforce la démarche minimaliste. Cette étape peut durer des mois, voire des années. Car même après un tri, il arrive qu'on se rende compte de l'inutilité de certains objets que l'on avait gardés.

6. La lutte perpétuelle contre les anciennes habitudes de consommation

La prise de conscience ne se limite pas seulement au désencombrement de la maison. Si celle-ci est encombrée, c'est parce qu'on a pris l'habitude de la remplir. Comment ? En achetant des choses inutiles, au prétexte qu'elles ne sont pas chères, par exemple. Ces mêmes choses composeront le fouillis qu'il faudra ranger tôt ou tard.

7. La mise en place de méthodes pour éviter le réencombrement

Quand les habitudes ont été identifiées et corrigées, on va plus loin en « bouchant la source » de l'encombrement : on met fin aux abonnements à des magazines que nous ne lisons pas, on refuse les catalogues ou les courriers postaux des magasins, on ne prend plus les goodies gratuits…

8. Le désencombrement dans tous les domaines de la vie : ne garder partout que l'essentiel

Vient le jour où l'on voit l'avantage d'une maison minimaliste. On voudra alors faire de même dans tous les autres domaines/lieux de nos vies : au bureau, dans nos ordinateurs, dans nos emplois du temps, dans nos relations, dans nos obligations, dans nos activités…

9. Plus de liberté, plus d'espace : plus de temps pour ce qui nous tient vraiment à cœur

Quand on passe moins de temps à faire le ménage ou quand on se rend compte qu'on a pour soi tout un week-end, on peut enfin se consacrer à sa famille, à ses activités préférées, ces activités qui font vraiment plaisir (lézarder sur le canapé avec un bon roman, bricoler avec les enfants, faire une petite promenade en famille, travailler sur un projet personnel…).

10. Mieux-être et paix intérieure

Se consacrer à « son essentiel », c'est savoir ce que l'on veut vraiment dans la vie. C'est aussi lâcher-prise sur ce qui n'est pas important pour nous. Grâce au minimalisme, nous nous débarrassons du poids de la société : nous relativisons les situations et nous tâchons de ne pas nous encombrer de contraintes. Au bout du chemin, il y a, pour moi, un mieux-être et une paix intérieure inégalables.

Chacun son essentiel

Le minimalisme nous incite donc à nous poser des questions pour connaître notre essentiel. Quel est-il donc ? Et comment le déterminer ?

Le minimalisme est subjectif

Chacun juge différemment de ce qui est superflu ou ne l'est pas, de ce qui est essentiel ou non. Le minimalisme est totalement subjectif. Une maman de trois enfants, par conséquent, ne peut pas avoir les mêmes priorités qu'un célibataire nomade.

Prenons un exemple simple : si votre passion est la photographie, votre appareil photo reflex, avec ses nombreux objectifs, figure certainement parmi vos essentiels. Par contre, il est totalement superflu pour une personne qui ne s'intéresse que moyennement à la photographie.

Si certaines choses sont essentielles pour tout le monde (de la nourriture, de l'eau, un espace pour dormir…), le reste dépendra de chacun, de son mode de vie, de son rythme, de ses activités. La volonté d'avoir tout comme les autres, de copier ce qu'on voit autour de nous, n'a pas de sens. Le minimalisme invite chaque personne à se poser des questions sur ce qui lui est essentiel. Et comme nous sommes tous différents, il n'y a pas de normes.

Le choix de l'essentiel

L'essentiel peut se définir dans plusieurs domaines : dans les possessions matérielles, dans les relations, dans les activités.

Sur le plan matériel, une fois désencombré, on réfléchira beaucoup avant d'acquérir un nouvel objet : il devra être de bonne qualité et correspondre à l'usage qu'on lui réserve. Un tel objet a plusieurs avantages :

- Plus l'objet est de qualité, plus on a du plaisir à l'utiliser.
- Plus l'objet est de qualité, plus il dure dans le temps et plus on réalise d'économies en temps et en argent.

Comme le dit Dominique Loreau, dans son livre *L'art de la simplicité*, on ne succombera plus aux achats « en attendant que », car cette situation peut durer indéfiniment. Il vaut mieux prendre du temps pour trouver ce qui nous correspond vraiment et ne l'acheter que si l'on a suffisamment d'argent.

Sur le plan relationnel, le minimalisme nous pousse à mieux choisir les relations que nous entretenons. Une fois que nous savons quelles relations nous avons vraiment envie d'entretenir, il est plus facile de se détacher de celles qui sont toxiques. Nous revoyons nos priorités.

En ce qui concerne les activités, nous ne gardons que celles qui nous font vraiment plaisir. Nous apprenons à refuser ce que nous ne voulons plus et à penser un peu plus à la gestion de notre temps.

Le minimalisme et les chiffres

Pour certaines personnes, « minimalisme » veut dire « vivre avec un nombre limité d'objets ». Ainsi, David Michael Bruno, un Américain, a publié en 2010 un livre où il lance le défi de vivre avec moins de cent objets. Depuis, le web regorge de témoignages de personnes qui ont compté leurs possessions et sont fiers d'exhiber un nombre inférieur à cent.

Dominique Loreau a également sorti un livre intitulé *99 objets nécessaires et suffisants*, où elle détaille ses possessions en expliquant la nécessité de chacune d'elles.

Leo Babauta, célèbre blogueur minimaliste, vit avec moins de cinquante objets. Il liste ses possessions sur le blog « mnmlist.com ».

Henri Junttila vit, quant à lui, avec quarante-trois objets listés sur son blog « Wake Up Cloud » : https : //www.wakeupcloud.com/radical-minimalism/.

Pour se faire une idée des possessions d'une famille minimaliste, photos à l'appui, il faut aller sur le site de Man VS Debt : http : //manvsdebt.com/stuff/

Personnellement, il y a quelques années, j'avais listé mes possessions sur mon blog. Je ne les ai pas comptées, considérant qu'elles étaient encore trop nombreuses.

Au fil des années, je me suis rendu compte que ce défi chiffré pouvait être un formidable accélérateur de désencombrement. Mais le plus important est de savoir avec combien d'objets nous pouvons vivre *confortablement*, car nos besoins sont tous différents. Le minimalisme n'est pas une vie de frustration. Le but n'est pas d'atteindre un chiffre défini, mais d'aller mieux avec moins.

Entre les cinquante objets des minimalistes radicaux et les trois cents mille d'un foyer américain moyen (selon des statistiques publiées en 2014[1]), il y a tout un champ de possibilités. À vous de déterminer votre place.

Exercice : se projeter : quel est mon essentiel ?

Votre réaction

Déterminer son propre essentiel est une étape importante dans le cheminement vers le minimalisme. Avez-vous déjà essayé de déterminer ce qui est vraiment important pour vous dans la vie ?

Faire le bilan

Faire le bilan de ce qui compte pour nous est un exercice très personnel : on ne peut pas copier sur le voisin ! Ce peut être aussi très fastidieux si on n'a jamais vraiment pris le temps de se poser ce genre de questions. Déterminez votre essentiel : qu'est-ce qui vous définit et vous différencie des autres ? Quels sont les objets sans lesquels vous ne fonctionnerez pas normalement ? Quelles sont les personnes dont la présence vous est indispensable ? Quelles sont les activités qui vous font sourire à chaque fois ?

En pratique

Posez-vous des questions pour mieux vous connaître :

- Qui sont les personnes les plus importantes pour vous ?
- Quelles sont les activités qui vous importent le plus ?

1. http : //articles.latimes.com/2014/mar/21/health/la-he-keeping-stuff-20140322.

- Quels sont les objets dont vous avez le plus besoin ?
- Quels sont vos objectifs dans la vie ?
- Quels sont les principes que vous souhaitez garder tout au long de votre vie ?

À essayer

Sur le plan matériel, si vous avez du mal à déterminer votre « essentiel », inspirez-vous des listes des minimalistes extrêmes. Et comparez avec ce que vous avez. Qu'avez-vous en plus ? Ces choses sont-elles vraiment nécessaires et indispensables pour vous ? Vous seul pouvez répondre à cette question.

2

Les principaux avantages d'une vie plus simple

Les avantages immédiats

Ne pas posséder beaucoup d'objets a beaucoup d'avantages dans la vie quotidienne. Nous allons détailler les principaux d'entre eux, en commençant par ceux qui ont un effet immédiat.

Du temps

Qui n'a jamais dit à ses enfants : « Attends, je n'ai pas le temps de jouer, je dois passer l'aspirateur » ?

Pour moi, le principal avantage d'une vie plus simple, motivée par le minimalisme, est un gain de temps considérable. C'est juste mathématique :

- Moins nous avons d'objets en notre possession, moins nous avons besoin de nous en occuper.
- Moins nous avons d'activités qui ne nous apportent pas grand-chose, moins nous avons besoin de nous déplacer.
- Moins nous avons de relations compliquées à gérer, moins nous devons fournir d'efforts pour les maintenir.

Si nous désencombrons notre vie de tous les superflus qui la jalonnent, nous gagnerons beaucoup de temps. Nous passerons moins de temps à faire le ménage, puisque nous aurons moins d'objets à épousseter, à entretenir et à réparer. Nous passerons moins de temps dans les embouteillages et les transports, puisque nous n'aurons plus d'activités qui ne nous conviennent pas. Nous passerons moins de temps à entretenir des relations que nous ne souhaitons pas avoir.

Il s'agit de lâcher prise et profiter de la vie.

Imaginez ce que vous pourriez faire de tout ce temps gagné : prendre le temps de jouer avec les enfants, prendre soin de vous, pratiquer un sport, faire une balade ou juste vous reposer…

De l'énergie

Quand vous vous délesterez des objets inutiles chez vous, vous aurez sans doute un sentiment de soulagement à chaque objet qui sortira de votre maison. Vous vous sentirez plus léger, comme si on vous enlevait un fardeau.

Vous gagnerez alors en énergie pour réaliser des projets importants pour vous. Pas nécessairement de gros projets, mais juste quelque chose que vous appréciez réellement, un projet auquel vous n'avez pu vous consacrer jusque-là, faute de temps et d'énergie.

Les excuses pour procrastiner disparaîtront peu à peu. Je veux parler de ce genre d'excuses :

- Je ferai du sport quand j'aurai fini de ranger toute la maison.
- Je n'ai pas le temps parce qu'il faut que j'aille faire/acheter/réparer/rendre telle chose.

- S'occuper de moi ? Tu rigoles, il faut que je fasse le ménage d'abord.

Avoir moins d'objets remet également les pendules à l'heure : tous ces objets sont-ils plus importants que notre santé, notre bien-être, nos relations avec les autres ? Je suis sûre que non.

Dépensons notre énergie là seulement quand ça en vaut vraiment la peine.

Des économies

Adopter un style de vie minimaliste change complètement notre vision des achats.

Une fois passée l'épreuve du désencombrement, on ne veut plus revenir à cette situation étouffante. On ne veut plus repasser par tout ce travail de choix, de tri et de rangement. Désencombrer sa maison peut prendre des semaines, voire des années, suivant le nombre de choses que l'on possède et l'attachement à ces objets. Vous pouvez revendre ceux qui sont devenus inutiles pour vous, et en tirer une certaine somme d'argent.

Après un désencombrement, on pense un peu plus à l'encombrement qui résultera de chaque achat, de chaque tentation de consommer. On se pose enfin la question : cet objet sera-t-il vraiment utilisé ou viendra-t-il juste m'encombrer ? Regardez autour de vous : si vous n'aviez pas dépensé votre argent pour acquérir ces objets inutilisés, combien d'argent auriez-vous économisé ? Aujourd'hui, sortiriez-vous encore votre carte bancaire ou votre chéquier pour ces objets ?

Le minimalisme provoque une prise de conscience : il nous aide à ne plus dépenser notre argent à tort et à travers.

Il nous fait réfléchir aux conséquences de chaque achat. Et si nous arrivons à éviter les achats superflus, nous ferons des économies non négligeables.

Les avantages à long terme

Si le minimalisme nous permet de réaliser des économies immédiates, il est aussi réconfortant de savoir qu'il nous apporte des bienfaits sur le long terme.

Une meilleure santé

Finalement, tous les avantages du minimalisme forment une chaîne, un cercle vertueux.

On pourrait se demander en quoi avoir moins d'objets aurait un quelconque effet sur notre santé. Quand on possède moins, on s'inquiète (logiquement) moins pour nos possessions : c'est déjà un véritable repos pour notre organisme. Quand on a moins et qu'on se détache des objets, on ne s'inquiète plus autant qu'avant des cambriolages.

De manière générale, on est moins stressé, car on n'a plus besoin de chercher les choses chez nous. Le temps du ménage s'en trouve aussi diminué.

Le temps que vous aurez gagné grâce au minimalisme, vous pourrez l'utiliser en cuisine. Les plats que vous préparerez vous-même seront bien plus bénéfiques pour votre santé que les plats tout faits du supermarché. En cuisinant et en simplifiant vos recettes, vous évitez les additifs, les sucres cachés et les produits chimiques des plats préparés. Cette cuisine maison vous maintiendra en bonne forme. À long terme, ce changement de vie ne peut que profiter à notre santé.

Des projets plus ambitieux

Parmi les avantages immédiats, il y a les économies réalisées au quotidien, dont nous avons parlé. Et il est clair que toutes ces économies, mises bout à bout, peuvent nous aider à financer des projets plus ambitieux.

Nous ne nous rendons pas vraiment compte de la somme d'argent que nous dépensons dans tous nos petits objets.

Sur mon blog, j'avais fait le calcul de mes achats en produits cosmétiques. J'entends par-là des crèmes en tout genre, des parfums, des eaux de toilette, des accessoires de mise en beauté, du maquillage… J'ai mis du temps pour faire ce calcul, car je ne voulais pas affronter la réalité et constater tout ce gâchis. Mais j'utilisais à peine le tiers des produits que j'achetais. J'ai finalement évalué la perte financière et cela m'a été bénéfique : j'ai ainsi mis un frein à mes envies futiles.

Résultat de ce calcul : mes cosmétiques m'ont coûté, au total, 1 200 € (en arrondissant les prix). Ce chiffre était incroyable ! Je ne suis pourtant pas très coquette, car j'ai gardé mes habitudes estudiantines pour bien des choses. J'ai donc été choquée par le montant. Je ne comprenais pas comment j'avais pu dépenser autant. Parmi les dépenses qui ont fait grimper le montant total figurent :

- Les parfums : 560 € – pas tous utilisés, une folie dépensière à un moment de ma vie…
- Les accessoires de beauté : 230 € (sèche-cheveux, appareil de coiffage…) – utilisés, ceux-là !
- Les vernis à ongles : 112 € – pas tous utilisés.

Le prix des produits qui ne sont pas vraiment utilisés est effarant. Pour nous en rendre compte, comparons le coût des produits que j'utilise au coût de ceux que je n'utilise pas. Le parfum que je mets, les deux seuls vernis à ongles que j'applique et les accessoires de beauté que j'utilise m'ont coûté 403 € en tout. Mais ils forment seulement le tiers de mes dépenses ! J'ai donc acheté pour 800 € de produits inutiles. Quelle gâchis !

J'aurais pu utiliser tout cet argent pour financer un voyage et me créer de beaux souvenirs, pour acquérir de nouvelles connaissances en suivant une formation, ou même pour investir dans un meilleur sèche-cheveux, un meilleur aspirateur, un meilleur objet utile... Cet argent est donc parti en fumée ; il s'est transformé en un tas d'objets qui ne font que m'encombrer.

Depuis ce calcul, je n'ai plus acheté grand-chose en produits de beauté et mes habitudes n'ont pas beaucoup changé.

Témoignage de Marie, maman d'un enfant

De la *beauty addict* bordélique à la maman minimaliste

Comment c'était avant :

Mon boulot, rédactrice beauté, consistait à tester toutes les nouveautés dans le domaine des cosmétiques. J'avais donc des tonnes de produits qui s'entassaient à la maison, attendant d'être essayés. C'était un cercle vicieux : plus je possédais, plus j'en voulais ! Ma maison était un champ de bataille : le bazar était presque partout, si bien que lorsque je rentrais chez moi, je me sentais immédiatement démoralisée. Il me fallait toujours dix bonnes minutes pour trouver quelque chose, et je croulais vraiment sous l'accumulation d'objets inutiles.

Le changement : la vie au Japon

Je me suis retrouvée un peu par hasard au Japon : je ne connaissais pas vraiment ce pays, je ne m'y étais jamais intéressée. On m'avait proposé de partir et j'ai dit « oui », tout simplement. Les hôtels étant relativement chers au Japon, j'ai habité chez une famille japonaise. Ce fut un véritable choc. Tout était simple dans leur maison. Il y avait chez eux un classeur qui comprenait des listes de tout ce dont je pouvais avoir besoin pendant mon séjour, de la paire de ciseaux jusqu'au dissolvant pour les ongles. Jamais je n'avais vécu dans un environnement aussi clair et net. Même s'il y avait des enfants, aucun jouet ne traînait. Tout semblait simple et le contrôle paraissait naturel : les enfants rangeaient spontanément leur jouets (il y en avait toutefois peu, car ils pratiquaient surtout des activités de plein air, se baladaient au parc, faisaient du vélo).

Le retour en France et la prise de conscience

Le retour en France m'a fait l'effet d'une bombe intérieure. En ouvrant la porte de ma maison, je me suis sentie très mal, j'étouffais. Mes yeux s'étaient habitués au vide des maisons japonaises. J'ai alors décidé de prendre les choses en mains. J'ai dévoré les livres de Dominique Loreau (une Française habitant au Japon) et je me suis intéressée au mode de vie minimaliste, ainsi qu'au feng-shui. Après avoir repeint mon chez-moi en blanc et retiré la plupart des meubles et bibelots, je me suis enfin sentie bien dans ma maison. J'ai beaucoup donné, mais aussi beaucoup jeté. Ce ne fut pas facile, mais j'avais le sentiment qu'une vie nouvelle allait doucement commencer.

Aujourd'hui

Quelques années ont passé et je suis aujourd'hui maman, mariée à un homme qui travaille en free-lance. Nous passons notre temps à voyager avec notre petite famille. Nous essayons de faire deux grands voyages par an (les Maldives et Bali cette année, par exemple) et plusieurs en Europe. Nous ne consommons en France que le strict nécessaire. Nous ne faisons jamais de folies, car nous préférons largement passer du temps en famille à découvrir le monde. Souvent, nos amis nous demandent comment nous faisons, financièrement, pour partir si souvent. La réponse est simple : nous leur montrons qu'ils ont tous le dernier iPhone. La plupart du temps, il suffit de leur demander : « À quand remonte l'achat de ton dernier vêtement ? ». Ils répondent en général : « Le mois dernier ! » ou encore « J'attends les soldes pour me lâcher ». Chez nous, avant d'acheter, on se pose la question suivante : « Tu préfères t'acheter ce tee-shirt à 20 € ou t'offrir, pour le même prix, deux nuits dans une paillote à Gili Air, avec Nemo et les tortues juste en dessous ? ». Le choix est vite fait !

Du bien pour la planète

La consommation effrénée de notre société actuelle induit une pollution et une production de déchets tout aussi effrénées.

Réfléchir à ce que nous achetons, et consommer moins, permet de diminuer significativement notre empreinte carbone. Pensez seulement à la production de l'objet, à son transport, à notre transport pour aller acheter l'objet et aux déchets qu'il engendre. Toute une chaîne d'activités et de pollutions pour, au final, un objet qui ne nous apporte pas grand-chose.

Si les consommateurs étaient plus conscients du pouvoir qu'ils ont sur la production, la terre en bénéficierait grandement. Notre environnement ne pourrait que s'améliorer. Imaginez donc une planète sans un continent de plastique qui empoisonne le peuple marin, une Terre sans grandes déchetteries à ciel ouvert, qui souillent l'air et les sols. Une utopie ? Peut-être. Mais ne tombons pas dans le fatalisme en nous disant que, de toute façon, ces déchets sont déjà là. Nos enfants devront vivre sur cette planète. Par des petits gestes quotidiens, nous pouvons participer à un monde meilleur pour eux.

Exercice : se projeter : et si je n'avais que l'essentiel, qu'est-ce que je pourrais faire ?

Votre réaction

Voulez-vous, vous aussi, goûter aux avantages du minimalisme ? Imaginez un instant rentrer chez vous et avoir uniquement votre essentiel dans la maison. Peu de rangement, peu de ménage. Imaginez que vous n'avez que peu de contraintes dans votre emploi du temps et que vous êtes à jour dans tout ce que vous avez à faire. Que souhaiteriez-vous, là, tout de suite ?

Faire le bilan

Si les bienfaits du minimalisme vous font rêver et que vous vous sentez retenu/e par tout ce que vous avez, ne vous inquiétez pas : vous pouvez y remédier.

Visualisez la maison et l'emploi du temps de vos rêves. Sont-ils vraiment loin de la réalité ? Qu'est-ce que vous pourriez faire pour atteindre au plus vite ce rêve ?

En pratique

Visualiser n'est pas toujours évident. Pour vous aider, vous inspirer, regardez sur des sites Web des exemples d'intérieurs épurés. Réunissez-les, par exemple, dans un tableau sur Pinterest : vous pourrez ainsi revenir à ces images quand vous aurez un petit coup de mou, lors de votre désencombrement.

À essayer

Il y a tellement de choses que nous pourrions faire, mais nous restons dans notre zone de confort. Nous sommes souvent focalisés sur notre vie actuelle et sur les objets qui nous entourent depuis des années.

Et si vous faisiez la liste des objets, chez vous, qui vous sont vraiment indispensables ? Faites une liste pour chaque pièce de la maison : vous aurez déjà un aperçu de vos essentiels. Commencer le désencombrement sera aussi beaucoup plus facile ainsi.

3

Moins de stress pour la famille

Une vie de famille plus harmonieuse

Des parents moins surmenés

Quand on est parent, on doit effectuer plusieurs tâches en même temps, avoir l'œil sur les enfants et toujours pouvoir réagir en cas de besoin. Et ce, tout au long de la journée. Être parent est très exigeant : je ne vous apprends rien.

Répondre en permanence à toutes les sollicitations demande beaucoup d'énergie. En tant que parent, on se sent parfois débordé. Les gens essayent bien sûr de s'organiser, d'apprendre à gérer leur temps... Et ils passent parfois maîtres dans l'art de tout faire en une seule journée. Mais tout ce que nous faisons est-il vraiment indispensable ? Ne passons-nous pas la majeure partie de notre temps à brasser de l'air ?

Essayer de s'organiser n'est peut-être pas la solution : il est souvent plus efficace de supprimer les activités qui ne sont pas nécessaires pour pouvoir contrôler ce qui l'est vraiment. Quand l'emploi du temps n'est pas chargé, les parents arrivent mieux à anticiper leurs actions, à gérer les imprévus. Ils ont aussi plus d'énergie pour affronter la journée.

Leur seuil de tolérance est alors plus élevé. Ils répondent mieux aux sollicitations. Attention, je ne dis pas que les minimalistes n'affrontent jamais de situations de stress ! Mais ils sont plus armés pour y faire face : ils ne se noient plus dans un verre d'eau.

Des enfants plus coopératifs

Les jeunes enfants réagissent comme nous, mais à un degré plus élevé. S'ils rentrent après l'école dans une maison très encombrée, ils ne savent plus où donner de la tête. Mais contrairement à nous, ils pensent qu'ils ne peuvent rien contre cette situation. Ce sont les parents qui savent ranger la maison. Et de toute façon, les rangements sont difficilement accessibles pour eux.

Vivre dans une maison épurée, qui a un endroit pour chaque chose, donne à l'enfant un cadre rassurant. Un enfant de deux ans, par exemple, pourra facilement ranger un objet si on lui a bien expliqué où est la place des objets qu'il utilise chaque jour.

Les enfants sont contents quand on leur donne des responsabilités à la maison. Et si on arrive à leur inculquer ces habitudes dès leur plus jeune âge, ranger devient naturel. Participer à la vie familiale ne sera pas une corvée.

Si les enfants sont déjà grands au moment du désencombrement, une bonne discussion sera nécessaire. Il faudra leur expliquer le nouveau fonctionnement de la maison. Mais je suis sûre qu'ils verront déjà, d'eux-mêmes, les effets positifs de ce nouveau mode de vie sur vous. Car si vous avez déjà appliqué le minimalisme sur vous-même, vos enfants remarqueront que vous vous sentez plus léger, délesté des objets et obligations qui vous encombraient.

Des relations plus profondes

Les premières victimes de notre attachement aux objets sont nos proches. Pendant que nous nous affairons autour de ces objets, nous les privons de notre temps et de notre attention. Or, entretenir de bonnes relations avec les membres de notre famille ou avec notre entourage demande du temps.

Et si nous arrêtions de dire tout le temps « attends » à nos enfants ? Si nous répondions enfin aux plus jeunes, qui ont une forte demande d'attention ? C'est vrai, leur demande perturbe notre programme du moment, mais est-ce si grave ? Pour eux, c'est important. Je me suis rendu compte que je disais « attends » le soir, principalement. C'est à ce moment que je suis le plus fatiguée : je suis pressée d'être enfin au lit pour me reposer. Mais j'ai aussi compris que cela ne prend pas plus de cinq minutes, en général, de répondre à la demande d'un enfant ! Ce sont des « Maman, on se fait des guilis ? », « Maman, j'ai une blague », « Maman, on joue au foot ? »

Une étude du *Journal of Marriage and Family*[1] a montré que c'est la qualité du temps qu'on passe avec les enfants, plutôt que la quantité, qui influence le plus leur bien-être, leur développement et leur comportement. Il faut donc être « vraiment ensemble » lors de ces petits laps de temps. Et non, « ensemble mais chacun de son côté ».

1. http : //onlinelibrary.wiley.com/doi/10.1111/jomf.12170/abstract.

Interrompre constamment une activité pour en faire une autre, ce n'est pas toujours évident, je l'avoue. Et parfois, je n'arrive pas à ne pas dire « attends ». Mais on comprend vite que ces petits moments de bonheur renforcent nos liens avec les enfants, même s'ils nous interrompent souvent dans nos énormes contraintes et obligations d'adultes. On fait volontiers ces concessions, car on en retire de grands bénéfices.

Le minimalisme comme thérapie familiale

Les observations

Le livre *Parents... tout simplement !* de Kim J. Payne et Lisa M. Ross montre à quel point il est nécessaire, voire indispensable, de simplifier nos vies. Kim J. Payne est consultant scolaire et familial. Il expose dans son livre des cas de familles venues le consulter. Pour celles-ci, la meilleure façon de restaurer la paix à la maison est de simplifier le quotidien. Un environnement simple est en effet plus propice à l'éducation des enfants, qui deviennent plus calmes, plus heureux et plus confiants.

Selon l'auteur, la pression du « trop » infligé aux enfants découle de notre système de vie actuel. Ce système repose sur quatre piliers : trop de choses, trop de choix, trop d'informations, trop de vitesse. Pressés, débordés, nos enfants n'ont plus le temps ni la possibilité d'explorer le monde par eux-mêmes.

Ce qui a poussé Kim J. Payne à écrire ce livre, c'est un sentiment d'alarme. Dans le cadre de son travail autour du monde, il a découvert que beaucoup d'enfants occidentaux, qui mènent une vie « normale », présentent le même degré de stress que les enfants qui vivent dans un camp de réfugiés. Comment est-ce possible ? Les enfants qui vivent dans le monde du « trop » ont une anxiété telle qu'elle perturbe leur sommeil et entraîne, parfois, un comportement agressif.

En conseillant aux parents de mettre moins de distractions et de pression dans l'environnement des enfants, Kim J. Payne a observé des transformations remarquables, qui ont totalement changé le climat de la vie familiale.

Le minimalisme en thérapie

Au cours de ces années de thérapie, Kim J. Payne a établi quatre axes de simplification dans la vie des enfants : l'environnement, le rythme, l'emploi du temps et le filtrage du monde des adultes. Je vais donc détailler ces axes :

La simplification de l'environnement est l'étape la plus facile à mettre en place. Dans son livre, Kim J. Payne parle surtout des jouets. Les enfants d'aujourd'hui, dans les pays occidentaux, vivent dans une surabondance de jouets. Noyés dans ce volume important d'objets, les enfants deviennent blasés et ne s'y intéressent plus. L'attention qu'ils portent à chaque jouet est trop réduite. Trop de choix dévalorise les jouets. Les enfants ont donc besoin de trouver un autre objet qui comblera leur frustration. Ils entrent dans une insatisfaction constante, où le bonheur s'achète, encore et toujours.

Un bon rythme permet de simplifier la vie familiale. S'il y a quelque chose dans mon enfance dont je me souviens, c'est le rythme des repas à la maison. Toujours à la même heure, un repas presque toujours connu d'avance chaque jour. Ma mère avait ainsi mis en place un menu hebdomadaire. Kim J. Payne parle du rythme comme d'une fondation stable pour les enfants, d'un repère. Quand les enfants arrivent à prévoir leur journée, ils sont plus confiants. D'où l'importance des rituels.

Kim J. Payne nous alerte aussi sur les emplois du temps : les enfants d'aujourd'hui ont de moins en moins de temps libre. D'autre part, leurs nombreuses activités dirigées sont-elles motivées par une vraie passion ou par l'envie de nous faire plaisir ? Ce qui est certain, c'est que les enfants ont besoin de temps pour eux. Un temps pour rêver, pour se découvrir, pour approfondir les sujets qui les intéressent et, pourquoi pas, pour commencer à créer quelque chose par eux-mêmes. C'est quand les travaux ne sont pas dirigés qu'ils deviennent intéressants.

Et enfin, l'auteur nous conseille de filtrer ce qui vient de notre monde adulte. Car les enfants se nourrissent des émotions de leurs parents. Nous devons donc faire attention à ce que nos peurs ne transparaissent pas trop. Chez eux, elles pourraient être multipliées. Les médias véhiculent déjà des scénarios-catastrophes qui peuvent nous perturber et augmenter notre stress quotidien. Mon conseil est d'en parler moins que les médias, de filtrer certaines informations de notre monde adulte, pour ne pas les effrayer et pour qu'ils puissent garder confiance.

Dans ces quatre domaines, le livre donne beaucoup d'exemples. Il nous montre comment cette simplification peut aider les enfants au quotidien.

Exercice : se projeter : et si on avait dix minutes rien que pour soi ?

Votre réaction

Pratiquer le minimalisme en famille apporte de grands avantages. C'est ce que ce chapitre met en évidence. Que cela concerne les enfants ou les parents, le minimalisme diminue fortement l'état de stress ambiant dans lequel nous naviguons tout le temps. Ressentez-vous ce même besoin d'alléger votre quotidien pour vivre plus sereinement ?

Faire le bilan

Le désordre entraîne souvent le sentiment d'être débordé. Comment mesurez-vous votre propre sentiment, sur une échelle de 0 à 10 ? 0 correspond à « ne pas se sentir débordé du tout » et 10 correspond à « très débordé, au bord du burn-out ».

Quelles sont les conséquences de ce sentiment sur vos relations familiales ? Selon vous, quelles sont les conséquences de l'encombrement sur vos enfants ?

En pratique

Si vous vous sentez débordé et que vous n'avez pas encore eu le temps de désencombrer votre maison et votre vie, offrez-vous du temps libre, le soir. Notez-le sur votre agenda. Ce temps libre peut être utilisé pour vous et pour vos enfants. Le but est de chasser la pression de la journée, de se « construire » un sas de décompression pour pouvoir profiter de votre soirée.

Pas besoin d'avoir trente minutes devant vous. Même dix minutes peuvent être bénéfiques. Voulez-vous utiliser ces dix minutes pour votre passe-temps favori ? Pour jouer à des jeux de société avec vos enfants ? Pour travailler sur un projet personnel qui vous tient à cœur ?

Quand on a utilisé dix minutes pour soi, on en ressort revigoré pour le reste de la journée.

À essayer

Pourquoi ne pas essayer la méditation ? Il y a plusieurs ressources sur le sujet, qu'il s'agisse de livres, de vidéos sur internet ou d'applications mobiles. Vous avez le choix.

Personnellement, j'ai téléchargé l'application « Petit Bambou » sur mon téléphone. Et bonne nouvelle pour moi : mon fils de 7 ans s'y intéresse aussi. Alors nous faisons parfois de petites séances à deux.

4

Quand nos enfants apprennent l'autonomie

L'importance de l'environnement

Le minimalisme, en tant que terme et mouvement, n'existait pas du temps de Maria Montessori, qui est née en 1870. Pourtant, sa pédagogie met en place un environnement très minimaliste autour de l'enfant. Cette pédagogie révolutionnaire a été encensée dans plusieurs pays du monde.

L'esprit absorbant de l'enfant

J'emprunte l'expression à la pédagogie Montessori pour parler de l'importance de l'environnement dans la vie de l'enfant. En effet, l'enfant interagit beaucoup avec l'environnement dans lequel on le place. Et naturellement, il va absorber et s'imprégner de tout ce qui l'entoure.

C'est une expression que l'on entend souvent : « Les enfants sont des éponges ». Pour Maria Montessori, c'est la première caractéristique de l'enfant.

L'enfant se construit en interaction avec l'environnement. Le rôle de celui-ci est très important : il va permettre ou interdire à l'enfant d'agir.

En tant que parents, nous sommes soucieux d'offrir à nos enfants l'environnement dont ils ont besoin pour se construire et assimiler de nouvelles connaissances. Nous souhaitons que cet environnement leur permette de devenir des adultes heureux et responsables. Bien sûr, nous sommes attirés par tout ce que notre société offre en matière de jouets et jeux éducatifs et nous les achetons, jusqu'à en remplir la chambre des enfants. Mais est-ce bien l'environnement dont un enfant a besoin pour pouvoir absorber les connaissances ?

Le « vivre mieux avec moins » du minimalisme est une notion à garder en tête. L'enfant absorbe ce que lui apporte son environnement, mais il sera aussi noyé dans une foule d'informations si son espace est encombré.

La période sensible de l'ordre

Maria Montessori a observé des périodes sensibles dans le développement de l'enfant. Ce sont des périodes où l'enfant est particulièrement intéressé par un sujet bien précis.

Si au moment des périodes sensibles, on met en place un environnement favorable à l'apprentissage autour de l'enfant, il absorbera plus facilement les notions.

Parmi les périodes sensibles, il y a celle de l'ordre, qui peut survenir entre 0 et 6 ans. Dans son livre, *L'enfant*, Maria Montessori explique ainsi : « L'ordre des choses, c'est connaître la place de chacune d'elles ; c'est se rappeler l'endroit où chaque objet se trouve, c'est-à-dire être capable de s'orienter dans l'ambiance, la posséder dans tous ces détails ». Avoir autour de lui des objets en « ordre » rassure donc l'enfant. Un environnement ordonné aide le petit dans son développement. Savoir qu'un objet est à sa place constitue pour lui un réel plaisir.

Le minimalisme n'est pas dans l'ordre ou le désordre. Mais, en toute logique, lorsqu'on a moins de d'objets chez soi, il est plus facile de donner une place à chaque chose. Offrez à votre enfant cet environnement dont il a besoin. Il aide les enfants en bas âge dans leur éducation.

L'apprentissage de l'autonomie

Le libre choix et les ravages du non

L'une des caractéristiques importantes de la pédagogie Montessori est de mettre les objets à la portée des enfants, pour qu'ils puissent choisir eux-mêmes leurs activités. Quel rapport avec le minimalisme, me demanderez-vous ? Imaginez une chambre d'enfants, pleine de jouets en tout genre : des montagnes d'objets par-ci, des bacs remplis à ras bords par-là. Il est difficile pour un enfant d'attraper un objet dans une montagne de jouets, ou même de se rappeler où celui-ci a été rangé. Le bambin aura donc à chaque fois besoin de notre aide.

Le libre choix favorise pourtant l'autonomie des enfants. Si nous étions toujours là pour leur donner ce dont ils ont besoin, ils seraient limités dans leurs gestes. Leur exploration du monde dépendrait de notre disponibilité.

Par ailleurs, si l'environnement de l'enfant est truffé d'objets d'adultes auxquels il faut faire attention, l'enfant sera encore plus limité. Imaginez-vous dans un endroit où il y a plein de choses à voir et à découvrir. Mais à chaque fois que vous voulez vous approcher d'un objet, on vous dit « non ». Si on vous répète ce mot constamment, il est bien possible que vous cessiez d'explorer complètement et que vous vous teniez tout le temps à carreau. Bien sûr, le « non » est nécessaire pour montrer à l'enfant certaines limites. Mais lorsqu'il est trop souvent répété, il a un impact négatif et freine la curiosité naturelle.

La disposition des activités

Si vous avez déjà eu l'occasion d'entrer dans une classe Montessori, vous avez pu observer que les activités étaient disposées d'une façon particulière. En effet, dans une classe Montessori cette mise en place est minimaliste, mais aussi théâtrale.

Chaque activité est liée à un endroit défini. Les instructions précisent que l'enfant doit remettre chaque objet à sa place après une activité. Le plus génial, c'est que ça marche ! Quand on place les enfants dans un environnement comme celui-là, la plupart d'entre eux replacent naturellement les objets qu'ils ont utilisés.

En comblant les enfants par de multiples jouets, on ne leur rend donc pas service. Moins il y a de jouets sur les étagères, plus ils les voient et plus ils sont attirés par eux.

Élargissons un peu le spectre et appliquons cette méthode aux autres objets, aux autres pièces. Il est bon, par exemple, de définir avec l'enfant un endroit unique pour ranger les chaussures le soir. Essayez : il sera plus autonome au bout d'un certain temps et les rangera de lui-même à l'endroit fixé. L'idée est bien sûr que l'enfant retrouve facilement ses souliers le lendemain matin. Faites de même avec les vestes et les sacs : l'enfant peut avoir son propre porte-manteau, à sa hauteur, et un endroit précis pour mettre le cartable.

Bref, le désencombrement de la chambre aidera nos enfants dans leur quête d'autonomie.

Témoignage de Laure, maman de jumeaux

J'ai des jumeaux qui, dès leur naissance, ont été très gâtés et ont eu beaucoup de jouets. Ils ont notamment reçu beaucoup de jouets « 10 en 1 », des objets électroniques et « éducatifs », censés les occuper des heures, et ce pendant des années… Mais bien sûr ! Je passais beaucoup de temps à ranger ces objets derrière eux. Il n'y en avait jamais assez : ils zappaient d'un jouet à l'autre ou venaient me chercher parce qu'ils ne savaient quoi faire !

C'est à cette époque que j'ai commencé à réduire nos possessions. Nous avions un projet de voyage sur une année. Or, cela impose de mettre toutes nos possessions en box, ou chez nos amis et familles. Autant dire que le volume des possessions allait définir le prix du stockage ! Mon désencombrement s'est étendu aux jouets et livres : les enfants ne jouaient pas avec la moitié de leurs jouets, et les fameux « 10 en 1 » n'avaient eu aucun succès.

Au fur et à mesure, nous avons donné et vendu beaucoup. Je me suis aperçue également, que les jeux les plus simples étaient les préférés des enfants. Ils préféraient toujours lire un livre ensemble, jouer avec des cailloux dehors ou cuisiner avec moi, plutôt que de regarder un dessin animé ou de jouer avec le dernier canard électronique qui leur apprend l'anglais. Ils avaient un fort attrait pour tout ce que nous faisions, nous les grands. Ils ont donc participé à la vie quotidienne et ont beaucoup aimé ça. Pourquoi acheter de faux aspirateurs en plastique quand on peut montrer aux enfants comment se servir d'un vrai ? Cela permet en outre de transformer le jeu en action utile, et ils adorent ça ! Un petit chiffon et une éponge occupent un bon bout de temps les enfants qui aiment faire comme les adultes. Le meilleur jeu implique trois éléments : le jardin/un parc, une bouteille d'eau, un verre ou un autre objet tiré de votre vaisselle... Bien sûr, les enfants ont leurs jouets à eux, mais maintenant nous limitons leur nombre. Et surtout, nous nous inspirons désormais de toutes les méthodes « d'éducation alternative » (Montessori, etc.), notamment pour les jouets du petit dernier. Nous bannissons également les objets de puériculture inutiles, voir nocifs : youpala, jouets électroniques qui cassent les oreilles ou rendent les enfants « stoïques », stérilisateurs, coussins d'assise...

Suite à cette réflexion croisée entre minimalisme et éducation « alternative » des enfants, nous avons très fortement réduit le nombre de jeux et de livres. En ce qui concerne les livres et films, nous allons maintenant à la médiathèque. Le petit dernier n'a pas de parc et évolue très bien, à son rythme, sans être sur-stimulé par des jouets électroniques. Des jouets qui, finalement, rendent l'enfant passif.

Une casserole et une cuillère en bois remplacent aisément un hochet électronique... Désormais, nous passons aussi plus de temps avec les enfants à jouer, lire, discuter, alors qu'auparavant, nous occupions tout notre temps à ranger derrière eux.

Moins de jouets = plus de créativité et plus d'idées ! Les enfants jouent beaucoup plus avec leurs jouets et en inventent aussi de nouveaux. Quand on est parent, on a toujours peur que nos enfants s'ennuient, mais en réalité l'ennui est excellent pour eux, car il les pousse à inventer des jeux... Tout ce qu'ils aiment est simple : apprendre la vie, apprendre à cuisiner, toucher, goûter, sauter, danser, courir, découvrir la nature, découvrir le monde !

Il n'y a donc aucun intérêt à les noyer sous une montagne de jeux, souvent en plastique, chers, peu écologiques et encombrants (et qui engraissent les fabricants).

Exercice : se projeter : aménager un espace qui favorise l'autonomie des enfants

Votre réaction

Nous achetons souvent des jouets par amour pour nos enfants, et notre idée va à l'encontre de cette habitude. Serait-il difficile de désencombrer la chambre de votre enfant ?

Faire le bilan

Visualisez votre maison et la disposition des objets chez vous. Cette disposition encourage-t-elle le déplacement libre, l'autonomie de vos enfants ? Quels aménagements pourraient favoriser leur développement ?

En pratique

Si vous ne connaissez pas les aménagements qui s'inspirent de la pédagogie Montessori, renseignez-vous sur Pinterest : vous trouverez là beaucoup d'idées d'aménagement à moindre frais.

Il est très difficile d'organiser et d'aménager une chambre encombrée. Il vaut mieux passer par la case de désencombrement avant d'organiser l'espace.

À essayer

Comment conserver l'intérêt des enfants pour leurs jouets ? Ne pas les mettre tous à leur portée, en pratiquant un roulement. Mettez uniquement le contenu de trois bacs à leur disposition, et cachez tous les autres jouets. Au bout de deux-trois semaines, déplacez les jouets : mettez de « nouveaux » jouets dans les bacs et les « anciens » dans l'endroit caché. Ils seront ravis d'avoir de « nouveaux » jouets et les redécouvriront.

5

Quand la famille apprend le bonheur

La notion de bonheur

Les petits bonheurs

Si on vous demande de vous remémorer des moments de bonheur, quels sont les premiers qui vous viennent à l'esprit ?

Le point commun des réponses à cette question, c'est qu'on n'a pas besoin d'un objet pour s'en rappeler. Quand nous nous souvenons des moments avec notre famille, des premiers instants avec nos enfants ou d'un événement particulier dans notre vie, ce sont des faits, des émotions, des images qui nous reviennent. Tout s'est passé dans notre tête. Ce souvenir, à lui seul, nous plonge dans un bonheur intense.

Ainsi, nous n'avons pas besoin d'objets pour nous créer des souvenirs heureux. Et pourtant combien de fois avons-nous succombé à un achat dans le désir inconscient d'être plus heureux ? Intérieurement, au moment de l'achat, nous pensons : je serais tellement content/e si j'avais ce smartphone dernier cri, si j'avais ce beau pantalon, vu dans une vitrine. Mais le bonheur offert par ces objets est éphémère.

On se rend compte que les moments heureux qui reviennent le plus vite sont ces petits moments de partage avec les personnes qu'on aime, ces petits rituels familiaux, ces relations spéciales qu'on a avec certaines personnes, ces fous rires qu'on a avec nos amis.

Plus d'expériences, moins de possessions

Une étude américaine[1] a démontré que les expériences rendent plus heureux que l'achat de biens matériels. En effet, les objets achetés entrent si vite dans notre vie quotidienne que nous en oublions leur plus-value. Leur utilisation devient banale. Ce qui n'est pas le cas quand on acquiert un bien immatériel, c'est-à-dire un voyage, une activité, un moment de loisir. Les souvenirs d'une expérience restent en nous ; ils nous procurent de la joie, même longtemps après les faits.

Une expérience peut être partagée avec d'autres personnes. En ce sens, elle peut être le point de départ d'une formidable relation. De toute évidence, les instants vécus ont, par rapport à l'objet acheté, un avantage sur le plan social. Nous les vivons avec quelqu'un, et nous nous les racontons plus tard : le bonheur existe pendant et après. Les relations humaines sont en effet un élément majeur du bonheur. Par ailleurs, l'expérience a tant de force que, même lorsqu'elle tourne à la catastrophe, elle peut se transformer, plus tard, en anecdote à raconter aux proches, en histoire qui fera rire famille et amis.

---

1. http : //static1.squarespace.com/static/5394dfa6e4b0d7fc44700a04/t/547d571fe4b094d782c0e634/1417500738967/Gilovich+Kumar+(in+press)+Always+Have+Paris+Advances.pdf).

Enfin, les expériences ne suscitent pas autant la jalousie que les biens matériels, car elles se comparent difficilement entre elles. Au contraire des expériences, les biens matériels peuvent avoir un impact négatif dans une relation.

La liberté

Quand on a moins de contraintes, moins d'objets à porter, à traîner, dans notre vie quotidienne, on se sent plus léger. On a plus de temps et plus d'énergie pour faire de nouvelles expériences. On a donc plus de facilité à effectuer un changement dans sa vie.

Pouvoir faire ce que nous souhaitons, c'est une grande liberté, un ingrédient indispensable au bonheur.

Ici, je ne parle pas des grands changements de vie comme un déménagement, un voyage de six mois ou une reconversion dans le travail. Ces grands évènements nous entraînent dans l'euphorie du changement, ils nous rendent heureux, c'est évident. Je parle plutôt des petits changements, ceux qu'on peut faire sans chambouler toute une vie : la découverte d'un nouveau restaurant, un changement de trajet qui nous fait découvrir un nouveau paysage, la rencontre de nouvelles personnes…

Quand on a plus de temps pour soi, on peut mettre en place de nouvelles bonnes habitudes. Par exemple : manger plus de fruits, faire trente minutes de marche rapide par jour, apprendre une langue étrangère. En adoptant une à une ces habitudes, nous nous autorisons à améliorer notre vie. Nous suivons nos aspirations ; et ces décisions personnelles, libres, nous aident à nous sentir beaucoup mieux.

Effectuer de manière régulière un petit changement dans notre routine améliore notre quotidien. Cela nous pousse à relever des défis et à apprécier la vie. Ces petits buts nous aident à faire face à la monotonie. Ils nous préservent, ils nous éloignent de la dépression.

Cultiver le bonheur au quotidien

Vivre l'instant présent

Et si tous ces objets, toutes ces contraintes nous empêchaient d'être heureux ? L'objet matériel nous renvoie au passé, à ce que nous avons fait avant, à ce que nous étions, à des souvenirs heureux ou malheureux. Quant aux contraintes de notre emploi du temps, elles nous maintiennent dans la peur de l'avenir. Que se passerait-il si je refusais cette invitation ? Que se passerait-il si je démissionnais maintenant ?

Au final, nous nous soucions de l'avenir, nous angoissons lorsqu'il faut prendre une décision importante, nous réfléchissons à toutes les conséquences qu'un choix pourrait avoir dans notre vie. Et pourtant, la plupart du temps, les angoisses ne se vérifient pas.

Beaucoup d'entre nous ressassent le passé. Nous pensons par exemple à ce que nous avons fait de bien, à la personne que nous étions avant, mais que nous ne sommes plus maintenant. Nous repensons aussi à nos actes manqués, à ce qui aurait changé dans nos vies si nous avions agi autrement. « Et si, et si, et si… » Mais le seul moment que nous maîtrisons, c'est le présent.

Pour mieux nous concentrer sur notre bonheur présent, détachons-nous du matériel et affranchissons-nous de certaines obligations : qu'est-ce qui me ferait plaisir maintenant ? Qu'est-ce que je peux faire maintenant pour être plus zen ? Comment pourrais-je passer une bonne journée aujourd'hui ?

Se connaître soi-même et donner du sens à sa vie

Nous sommes happés par nos vies à cent à l'heure. Mais avons-nous pris le temps de nous connaître nous-mêmes ? Il est facile de se laisser emporter par la vague et de ne pas se poser des questions profondes sur soi. Les journaux encensent un nouveau produit ? Alors, c'est peut-être qu'il est intéressant, et nous commençons à le vouloir pour nous-mêmes.

Cependant, lorsque nous devons faire un choix parmi les objets qui nous entourent, parmi les activités que nous voulons vraiment faire, il faut commencer à nous poser des questions sur nos véritables goûts. Y répondre n'est pas toujours facile, car la plupart du temps nous ne savons même pas ce que nous aimons vraiment. Nous vivons juste au gré du vent.

Lorsqu'une décision s'impose, nous ne sommes pas préparés à choisir. Et si, pour changer, nous faisions un effort pour nous connaître vraiment ? Cela nous aiderait à faire les bons choix plus tard.

Lorsque nous donnons un sens à notre vie, nous vivons pleinement le présent. En effet, quand toutes nos actions sont choisies et qu'elles tendent vers un but, nous avons un sentiment d'accomplissement. Nous avons l'impression d'évoluer vers notre objectif. Au quotidien, nos actions poursuivent un but. Tandis que lorsque l'on n'a pas d'objectif à atteindre, on brasse de l'air, on s'occupe de beaucoup de choses qui n'ont aucune valeur…

Réfléchissez à présent : chacune de vos actions participe-t-elle à améliorer votre vie ? Ou laissez-vous filer le temps, sans le maîtriser ?

Exercice : se projeter : quelles expériences vivre avec nos enfants ?

Votre réaction

Nous sommes tous à la recherche du bonheur. En tant que parents, nous cherchons aussi le bonheur pour nos enfants. Nous souhaitons avant tout qu'ils deviennent des adultes heureux. Mais tous les objets que possèdent vos enfants ne sont-ils pas, parfois, un frein au bonheur tant convoité ?

Faire le bilan

Imaginez une maison désencombrée, sans fouillis, avec seulement le nécessaire pour bien vivre au quotidien. Que ressentez-vous ? Cela vous soulage-t-il ou cela vous effraie-t-il ?

Quels sont les moments, dans votre famille, où parents et enfants se sont sentis heureux (hormis les grands évènements de la vie, comme les naissances ou les mariages) ?

En pratique

Et si on se posait des questions sur ce qui nous rend vraiment heureux ? Faisons des listes pour mieux nous connaître et savoir ce qui participe à notre bonheur :

- Quelles sont les activités qui me rendent vraiment heureux/se ?
- Quels sont les aliments que je préfère ?

- Quels sont les endroits que j'aime visiter encore et encore ?
- Quelles sont les personnes de mon entourage qui m'encouragent ?

Vous pouvez aussi faire la liste pour les enfants. S'ils sont assez grands pour répondre, vous pourrez avoir une conversation intéressante avec eux.

À essayer

Dans le pessimisme ambiant, il est parfois difficile de cultiver son bonheur. Le livre *Cultiver le bonheur pour les nuls*, de Caroline de Surany, donne beaucoup de pistes sur le sujet. Je vous conseille d'y jeter un coup d'œil.

III.

LE MINIMALISME APPLIQUÉ À LA VIE DE FAMILLE

1

Déterminer l'essentiel en famille

Une fois convaincus des bienfaits du minimalisme, nous voulons passer à l'action. L'action la plus simple, dans ce parcours, est de désencombrer la maison.

En l'espace de quelques années, nous acquérons de nombreuses choses. Nous avons acheté, reçu, échangé beaucoup d'objets, mais nous ne prenons pas le temps de savoir s'ils ont vraiment leur place dans notre maison ou non. Nous les possédons, tout simplement. Et très souvent, nous ne les utilisons même pas. Nous avons donc accumulé ces objets qui, maintenant, nous pèsent et nous étouffent. Ils représentent un fardeau qui nous empêche d'avancer. Si désencombrer matériellement la maison n'est pas toujours évident, c'est parce que plusieurs facteurs entrent en compte :

- Est-on prêt à se séparer de ces objets ?
- Comment s'en séparer sans avoir un sentiment de culpabilité et de perte ?
- Nos proches nous encouragent-il dans ce sens ou, au contraire, représentent-il un frein ?

En parler avec son/sa conjoint/e

Vous êtes prêt à désencombrer votre maison ? Vous rêvez d'une maison épurée et pratique ? Vous voulez vous débarrasser de tous ces objets devenus inutiles ? Mais à ce moment précis, votre conjoint/e n'est pas au courant de ce cheminement que vous avez déjà fait, dans votre tête.

D'ailleurs, croyez-en mon expérience, si vous voulez qu'il/elle adhère à votre démarche, ne commencez pas en lui disant que vous voulez vous débarrasser de plusieurs choses dans votre maison. Il/elle risque de ne rien comprendre et de fuir dans la direction opposée, en voulant tout garder.

Il vaut mieux lui parler calmement de vos réflexions, sans lui demander de se débarrasser de ses propres possessions. Soulevez des incohérences que vous avez constatées : « Tu te souviens de ce gadget qu'on a acheté il y a un an ? Il est encore dans son emballage ». Le principal est qu'il/elle comprenne que vous souhaitez vous délester de certains objets qui sont finalement inutiles et qui n'ont plus leur place chez vous.

Mon expérience

Pour avoir été la personne qui voulait tout garder, alors que mon mari se séparait facilement des choses, je peux vous dire qu'entendre directement « il faut s'en séparer/le vendre/le jeter/le donner à quelqu'un d'autres » est assez violent. Il faut avoir ressenti le bien-être que procure un désencombrement pour accepter cela. Pendant des années, j'en ai voulu à mon mari de m'avoir obligée à me séparer d'une paire de chaussures de mes années lycée que je ne mettais plus. Je voulais les garder « en souvenir ». Je ne comprenais pas pourquoi il voulait que je m'en sépare. Maintenant que j'y repense, cela me paraît totalement absurde et pourtant, oui, je lui en ai voulu.

Montrer l'exemple

Pour mieux convaincre votre moitié des bienfaits du minimalisme, souvenez-vous : ne touchez pas à ses affaires ! C'est le meilleur moyen de le/la faire fuir devant votre enthousiasme à désencombrer. Laissez-le/la faire sa propre réflexion sur le sujet. Ce sera d'autant plus efficace s'il/elle en est convaincu lui/elle-même.

En attendant qu'il/elle ait « digéré » cette information :

- Commencez par désencombrer vos placards personnels : vos vêtements, vos produits cosmétiques, vos livres, vos propres possessions qui traînent ici ou là… Et continuez avec les espaces communs, où vous avez plus ou moins de facilités à vous séparer des choses. Il/elle commencera à voir le changement.
- Rangez certains objets communs mais inutiles dans un carton. Le but est de montrer que ces objets que vous voyez constamment ne sont pas indispensables et que le bien-être se fait vite sentir dans une maison plus épurée.
- Faites-lui lire des articles ou des livres sur le désencombrement ou sur l'art de vivre dans la simplicité, pour qu'il/elle prenne conscience lui/elle-même et qu'il/elle

comprenne votre démarche. Parfois, il suffit d'un petit déclic pour créer un grand changement dans nos vies.

Gandhi disait « l'exemple n'est pas le meilleur moyen de convaincre, c'est le seul ».

Après ça, il/elle devrait se rendre compte des avantages d'avoir moins d'objets. De votre côté, vous aurez déjà bien entamé ou même fini votre tri personnel et celui de quelques possessions communes (que vous avez mises de côté, j'insiste : ne jetez pas les objets communs sans un accord). Vous serez alors plus disponible pour l'aider s'il/elle en éprouve le besoin.

Et s'il/elle ne veut pas désencombrer ?

La nature humaine est complexe, et c'est ce qui la rend intéressante.

Depuis que j'écris sur mon blog, et depuis que j'ai créé le groupe Facebook des « Apprentis minimalistes », j'ai eu plusieurs témoignages de personnes qui racontaient qu'en les voyant faire, leur moitié avait vu les avantages du minimalisme et qu'elle commençait d'elle-même à désencombrer. Ces personnes continuent en général leur témoignage par : « Maintenant, on a plus le temps de… ». C'est vraiment le but recherché, et je trouve ça génial.

Cependant, il y a aussi ceux qui se plaignent de ne pas être compris et d'être le/la seul/e « minimaliste » de la famille. Peut-être est-ce une question de temps, encore, ou de véritable incompréhension.

Dans ce dernier cas, concentrez-vous plutôt sur votre propre progression. Vous gagnez du temps pour vous habiller le matin, car vous n'avez plus que quelques vêtements qui vous vont vraiment : c'est très bien. Vous ne perdez plus de temps à rechercher vos lunettes, vos clés ou vos papiers importants : c'est parfait. Vous avez plus de temps pour vous occuper de vous-même, ou pour vous mettre à votre passion : quel plaisir ! Savourez les bienfaits du minimalisme sur vous.

Il peut être frustrant de vivre avec quelqu'un qui ne partage pas votre vision, mais il est tout à fait possible de cohabiter ainsi. Parlez des compromis que vous pouvez faire, ayez plus d'espaces de rangement pour ses affaires « en trop ». Mettez-vous d'accord sur quelques alternatives que vous pouvez mettre en place au lieu d'acheter tout systématiquement. Chaque couple est différent. Cherchez ce qui fonctionnera pour vous. Le but est de se simplifier la vie, et non d'obliger les êtres que l'on aime à adopter nos propres convictions.

En parler aux enfants

Parler du désencombrement à un adulte est une chose, en parler à un enfant en est une autre. Pour les enfants, il s'agira surtout de désencombrer l'ensemble des jouets, des livres et de leurs œuvres.

Bien sûr, ils ne comprendront peut-être pas tout de suite : cela dépend de leur âge et de leur maturité. Quand les enfants sont tout petits, le désencombrement est relativement facile pour nous, parents, car nous pourrions le faire tout seul. Par contre, avec des enfants plus âgés, qui ont compris que nous voulons nous séparer de certains de leurs « trésors », il va falloir expliquer, négocier et argumenter.

Leur chambre, leur univers

Une étude statistique faite entre septembre 2012 et septembre 2013 montre qu'en moyenne, un enfant vivant en France reçoit vingt jouets par an. Un enfant aux États-Unis en reçoit en moyenne quarante[1]. Votre enfant joue-t-il vraiment avec chacun de ces vingt jouets acquis dans l'année ? Sans parler du stock qu'il a déjà accumulé depuis sa naissance…

Une étude faite au Royaume-Uni auprès de 3 000 parents en 2010 a montré qu'un enfant de 10 ans avait en moyenne 238 jouets, mais qu'au quotidien, il ne jouait qu'avec douze d'entre eux[2].

Si ces statistiques sont proches de ce que possède votre enfant, vous pourrez aviser : vous savez à peu près avec quels jouets il joue le plus et lesquels sont laissés de côté.

Mais faisons très attention. La chambre reste l'univers des enfants. Alors ne chamboulons pas tout du jour au lendemain : vous risqueriez de les bouleverser profondément. J'ai reçu sur mon blog un témoignage concernant les jouets. L'auteure du témoignage avait passé 22 ans à rechercher un jouet auquel elle tenait et qui avait été jeté, un jour, quand elle était petite. Elle raconte que cela lui a valu des années de chagrin et une perte de confiance irréversible en certaines personnes. Cette mésaventure lui a laissé un goût amer et une solide rancune. Nous ne savons pas comment réagiront nos enfants. Le mieux est bien sûr de s'assurer qu'ils sont vraiment en accord avec notre démarche avant de faire quoi que ce soit.

---

1. https : //fr.statista.com/statistiques/514450/industrie-jouets-nombre-jouets-achetes-par-enfant/
2. http : //www.telegraph.co.uk/finance/newsbysector/retailandconsumer/8074156/Ten-year-olds-have-7000-worth-of-toys-but-play-with-just-330.html)

Leur apprendre à se détacher des objets

Si nous avons l'habitude d'offrir des objets à nos enfants depuis leur naissance, il sera difficile de leur apprendre à s'en détacher.

Nous achetons des jouets, des petites bricoles à nos enfants pour leur montrer que nous tenons à eux, pour les féliciter ou juste pour le plaisir d'offrir. Le message qui passe dans ce geste, du point de vue de l'enfant, est qu'il faut un objet pour faire plaisir. Il attendra donc à chaque fois de recevoir quelque chose pour être content.

L'attention que nous portons à nos enfants ne doit pourtant pas se mesurer au nombre de cadeaux. Apprendre aux enfants à se détacher des objets, c'est aussi leur apprendre à ne pas se focaliser sur le bonheur éphémère lié à la possession. Il est difficile d'en parler de but en blanc à un enfant. Nous avons agi ainsi durant des années, alors pourquoi ce revirement ? Cependant, petit à petit, nous pouvons transformer les cadeaux matériels en cadeaux immatériels. Au lieu d'offrir un jouet grand et bruyant, pourquoi ne pas offrir, cette fois, une entrée dans un parc d'attraction, un après-midi ensemble au Laser game ou juste une balade en forêt pour qu'il parte à l'aventure ?

Se détacher des objets ne signifie pas ne pas prendre soin de ce que l'on a déjà. Les enfants devront toujours apprendre à prendre soin de ce dont ils disposent au quotidien. L'important, c'est qu'ils n'espèrent pas obtenir le bonheur de ces gadgets. Quand les enfants grandiront, à part les jouets vraiment significatifs qu'ils ont eus, ils oublieront la plupart des jouets qu'ils ont possédés. En revanche, les journées spéciales avec les parents et la famille ne s'oublient pas, ou moins facilement, et ce sont des souvenirs qu'ils garderont longtemps en eux.

Leur apprendre la compassion et le partage

Une fois par an, vers le mois d'octobre, l'école de mon fils demande aux élèves et à leurs parents s'ils ont des jouets en bon état à offrir aux enfants dont la famille ne peut pas acheter de cadeaux pour Noël.

La première année, mon fils était encore petit. Il ne comprenait pas du tout et n'a pas voulu donner de « gros » jouets, même s'il ne jouait plus avec. La deuxième année, il a commencé à comprendre, et a offert avec plaisir.

Ce genre d'initiative a des avantages multiples :

- Cela apprend à nos enfants la compassion et le partage : en comprenant leurs pairs, ils auront de meilleures relations avec eux.
- D'autres enfants peuvent bénéficier de jouets qu'ils n'auraient pas pu recevoir autrement.
- Cela donne une seconde vie aux jouets. Ils ne restent plus stockés en ramasse-poussières dans un coin de la chambre.
- Cela fait du bien à la planète. Au lieu de mettre ces objets à la poubelle, on les fait passer de maison en maison. On produit donc moins de déchets.

Par ce geste, les enfants auront de plus en plus de plaisir à aider les autres. C'est une qualité essentielle pour les adultes qu'ils vont devenir. Comprendre la situation de l'autre, c'est aussi s'ouvrir au monde extérieur et être plus tolérant.

EXERCICE : agir : lister les arguments qui parlent à votre famille et déterminer l'essentiel ensemble

Votre réaction

Ce sujet est un peu délicat, vu qu'il concerne davantage les autres membres de votre famille que vous-même. Mais connaissant votre famille, pensez-vous que ce sera facile d'aborder le sujet ?

Faire le bilan

Voyez où en est votre famille question encombrement.

- Quel genre d'objets encombrants possède chaque membre ? (jouets, livres, collections, gadgets en tout genre…)
- Comment sont vos pièces communes ? Plutôt épurées ? Plutôt encombrées ? Et si elles sont encombrées, par quoi le sont-elles ?
- Pensez-vous que chacun des membres de votre famille soit prêt pour une « opération de désencombrement » ?

En pratique

Si vous savez d'ores et déjà que le sujet risque de ne pas plaire dans un premier temps, préparez bien ce que vous allez dire :

- Listez les avantages qui vont parler à votre famille : moins de temps à faire le ménage, plus de temps pour faire des activités à l'extérieur, moins de temps à chercher des objets importants…
- Remplacez les objets encombrants par de l'immatériel : par exemple, désormais, un des cadeaux aux enfants

sera une sortie. Pourquoi ne pas faire une cagnotte à la place des cadeaux lors des anniversaires ?

- Remplacez les objets encombrants par d'autres qui le sont moins. Par exemple : on s'abonnera à une vidéo à la demande au lieu d'acheter des DVD, on s'inscrira à la bibliothèque ou on investira dans une liseuse au lieu d'accumuler des dizaines de livres…

À essayer

Certaines personnes se sont mises au minimalisme après avoir fait un voyage « sac à dos », en *backpacker*. C'est ainsi qu'elles se sont rendu compte que rien ne leur manquait.

Un jeu à essayer ensemble en famille : le *packing party* ! Le *packing party* est un jeu inventé par The Minimalists, c'est-à-dire Joshua Fields Millburn et Ryan Nicodemus, deux Américains qui prônent le minimalisme comme mode de vie et qui ont fondé ensemble une maison d'édition. Ce jeu consiste à mettre en carton tout ce que vous avez, comme si vous alliez déménager. Quant aux gros meubles et aux assises, vous pouvez les couvrir avec des draps afin de les cacher de votre vue.

Le principe est de sortir des cartons (ou des draps) seulement les choses dont vous avez besoin. Exemple : vous voulez manger ? Vous avez donc besoin de votre table, d'une chaise, d'une assiette et de couverts. Sortez uniquement ces objets dont vous avez besoin. Continuez ainsi durant quelque temps. Vous verrez qu'au bout de quelques mois, certains objets ne seront jamais sortis de leur cachette. Ils ne sont donc pas vraiment indispensables.

2

Désencombrer la maison : l'espace personnel

La garde-robe

Trier sa garde-robe, c'est pour moi l'un des désencombrements les plus faciles. Pourquoi ? Tout d'abord, parce qu'il ne tient qu'à vous de décider du sort de vos vêtements : il n'y a pas à négocier avec une tierce personne. Ensuite, parce que nous pouvons fixer plusieurs critères pour décider de jeter ou non un vêtement.

D'ailleurs, dans son livre *La magie du rangement*, Marie Kondo explique qu'il faut commencer par les vêtements. Au cours de ses nombreuses années d'expériences, elle a constaté qu'ainsi le désencombrement se passait mieux.

Les vêtements

Votre armoire est remplie de vêtements et vous avez du mal à l'ouvrir ? Il vous arrive parfois de retrouver un vêtement tout neuf au fond de votre placard ? Vous en avez assez de vous demander chaque matin ce que vous allez mettre ? Il est temps de trier vos vêtements, d'enlever tout ce qui ne vous correspond plus, mais qui prend de la place et cache ce que vous mettez vraiment.

Préparez-vous

Avant de commencer, réunissez les éléments suivants : quelques bacs, un miroir et, si possible, un/e ami/e franc/che. Il est toujours plus facile de décider du sort d'un vêtement quand on peut l'essayer devant un miroir. En outre, l'avis d'une personne extérieure peut être très utile : elle vous dira si l'habit vous va ou non. Veuillez cependant à bien choisir cette personne. Elle doit être assez directe pour dire la vérité, et non vous inciter à tout garder.

Rassemblez tout à un seul endroit

Pour trier efficacement vos vêtements, vous pouvez prendre pour modèle la fameuse méthode KonMari, c'est-à-dire la méthode de rangement créée par Marie Kondo. En effet, elle est très efficace. Rassemblez tous les vêtements en un seul endroit. Quand on n'a pas un grand dressing où tout rassembler, on les disperse souvent un peu partout dans la maison : les vêtements de tous les jours dans la chambre, les manteaux dans la penderie de l'entrée, les vestes dans le placard du couloir, le linge propre non repassé dans la buanderie…

Les regrouper tous à un seul endroit vous aidera à savoir combien vous en avez exactement. Vous vous plaignez souvent de ne rien avoir à vous mettre ? Il est temps de se rendre compte que ce n'est qu'une impression. Quand on voit la quantité de vêtements qu'on possède, il est plus facile de reconnaître que cela est faux. Je suis sûre que vous trouverez dans cet ensemble au moins sept tenues, non ?

Catégorisez

Une fois vos vêtements placés au même endroit, catégorisez-les. Le but est de se faire une idée plus précise de ce que vous avez vraiment. Quand on a trop de vêtements, on ne voit pas toujours qu'on a déjà sept jeans bleus et dix hauts noirs à peu près semblables.

Faites donc des tas par catégories :

- Les manteaux
- Les vestes
- Les pulls et gilets
- Les hauts à manches longues
- Les hauts à manches courtes
- Les jupes
- Les pantalons et leggins
- Les shorts
- Les robes

Triez

Pour chaque catégorie de vêtements, **éliminez** ceux que vous ne voulez pas garder. Séparez-vous :

- des vêtements trop grands ou trop petits. Évaluez les variations de votre poids : si vous êtes victime de l'effet yoyo, il est bien compréhensible que vous gardiez quelques vêtements de taille différente. Cependant, si cela fait trois ans que vous vous dites « je garde ces vêtements parce que je vais bientôt perdre/prendre du poids », cela veut dire que ces vêtements n'ont pas été utilisés depuis trois ans et qu'ils risquent d'encombrer encore un moment votre armoire. Il y a donc deux choix pour vous : soit vous essayez de perdre ou de prendre ces kilos maintenant, soit vous acceptez votre corps actuel. Mais attention : le jour où vous aurez vraiment perdu/pris ces kilos, vous aurez peut-être envie de changer de vêtements !

- des vêtements défraîchis ou boulochés. Quand nous sommes à l'aise dans un vêtement, nous avons confiance en nous. Par conséquent, débarrassez-vous des vêtements usés : ils peuvent affecter négativement votre humeur et votre attitude.
- des vêtements inconfortables. Ce pull qui gratte, ce petit haut trop court qu'il faut replacer à chaque fois, ce pantalon qui n'est pas adapté à votre morphologie… Vous n'êtes pas à l'aise dans ces vêtements, alors pourquoi vous embêter avec eux ?
- des vêtements troués que vous n'arrivez plus à raccommoder, ou encore des habits tachés et irrécupérables.
- des vêtements que vous n'avez pas mis lors des douze derniers mois. Il y a sûrement une raison à cela. Peut-être qu'ils n'ont pas attiré votre œil pendant cette période.

À ce moment du désencombrement, il ne doit rester que des vêtements en bon état. Il est maintenant temps de prendre du recul face à nos habits. Vous allez voir s'ils vous correspondent vraiment. Pour chaque vêtement, posez-vous chacune de ces questions :

- Est-ce que vous le trouvez encore joli ? Si c'était à refaire, le rachèteriez-vous ? Nos goûts changent, il est donc fort possible que vous ne trouviez plus à votre goût certains de vos vêtements.

- L'entretien de ce vêtement est-il contraignant (lavage à la main, à froid, à part, à sec, repassage, etc.) ? Avez-vous le temps de bien vous en occuper ?
- Cette couleur/cet imprimé vous va-t-il ? Pouvez-vous facilement l'associer avec la plupart de vos vêtements ? Le tri peut vous aider à sélectionner les couleurs qui vous vont et constitueront votre garde-robe.
- Ce vêtement correspond-il à votre mode de vie et à votre style ? L'essentiel de nos vêtements dépend de nos activités. Celui/celle qui travaille cinq jours sur sept dans un bureau n'a pas la même garde-robe que celui/celle qui travaille à l'extérieur, sur un chantier par exemple. Avez-vous vraiment les tenues adéquates pour votre activité ? Si vous ne sortez que très rarement en soirée, pourquoi avez-vous cinq robes chics dans votre garde-robe ? Est-il vraiment utile d'avoir vingt débardeurs, alors que la plupart du temps, vous avez une tenue stricte ?

Soyez très sélectif/ve dans votre tri, choisissez uniquement les vêtements qui sont à leur place dans votre armoire. Plus vous serez exigeant/e, plus vous prendrez du plaisir à mettre vos « meilleurs vêtements » chaque jour.

Le projet 333

La blogueuse Courtney Carver a inventé une méthode pour désencombrer la garde-robe. Il s'agit du projet 333. Le principe est de choisir trente-trois pièces (vêtements, accessoires, chaussures) pour trois mois et de n'utiliser que celles-là. Se donner cette limite chiffrée aide à choisir les vêtements dont on a vraiment besoin. Et l'expérience nous montre bien, au bout de trois mois, que nous n'avons pas besoin de plus de pièces.

Les chaussures

Après le tri des vêtements, enchaînez avec le tri des chaussures, car l'un ne va pas sans l'autre. Les chaussures que vous gardez doivent correspondre au style des vêtements que vous avez choisi.

Comme pour les vêtements, rassemblez toutes vos chaussures au même endroit et regroupez-les par catégories.

Catégorisez

L'étape de la catégorisation est importante. Elle permet de savoir combien d'exemplaires d'un même type de chaussures nous avons. C'est à ce moment qu'on doit se poser une question : est-il vraiment utile de posséder autant de chaussures ? Voici les catégories de chaussures à reprendre :

- Les bottes longues
- Les bottines et boots
- Les escarpins
- Les sandales hautes
- Les sandales plates et les tongs
- Les ballerines
- Les chaussures de ville (derbies, espadrilles…)
- Les chaussures de sport

Mettez également de côté les produits d'entretien et les accessoires : chausse-pieds, lacets, semelles…

TRIEZ

Vos chaussures ont été rangées par catégories. Maintenant, éliminez d'office les chaussures :

- qui vous font mal aux pieds, parce qu'elles sont trop serrées ou trop grandes.
- qui sont trop hautes pour vous, même si elles sont vraiment belles. Il faut connaître, une bonne fois pour toutes, la hauteur de talons que vous pouvez supporter. Ce sera plus facile, ensuite, de choisir vos futures chaussures. Cessez de lorgner sur les talons trop hauts si vous ne les supportez pas. Ils vont rester dans votre armoire après achat, parce qu'ils seront trop inconfortables.
- celles qui sont abîmées, trouées, dont les semelles sont décollées et ne peuvent plus être réparées.

Pour les chaussures qui restent, posez-vous les questions suivantes :

- Les trouvez-vous jolies ?
- Sont-elles vraiment confortables ?
- Sont-elles coordonnées avec vos vêtements ?
- Correspondent-elles à votre mode de vie et à votre style ?

Faites le tri dans vos produits d'entretien. Avez-vous des chaussures bleues pour justifier la présence d'un cirage bleu ?

Quant aux autres accessoires, gardez uniquement ce dont vous avez véritablement besoin, et séparez-vous des doublons. Si vous n'avez besoin que d'un chausse-pied, pourquoi en avoir trois ?

Mon expérience avec mes meilleures chaussures

Quel soulagement quand on a trouvé la marque de chaussures qui nous va vraiment ! J'ai une marque préférée pour mes chaussures. Je sais qu'avec ces chaussures (jusqu'à une certaine hauteur de talon), je n'aurai pas mal aux pieds. En outre, elles durent très longtemps. J'ai eu une paire de ce fabricant, ce sont des escarpins noirs. Je les ai mis à 80 % de mon temps pendant cinq ans, et ce, sans problème. Un changement de patin à talon de temps en temps, ce qui est vite réglé chez le cordonnier, et ça repart !

Les accessoires

Ils sont relativement abordables en termes de prix, c'est pourquoi nous avons tendance à les accumuler. Un petit collier ou un chapeau peut changer un look, et cela nous incite beaucoup à acheter.

Les accessoires pour cheveux et les chapeaux

Réunissez tous vos accessoires pour les cheveux. Placez-les devant vous et commencez votre tri :

- Lesquels sont les plus beaux ?
- Lesquels sont les plus utilisés ?
- Lesquels vous vont le mieux ?

Nous utilisons parfois des choses parce que nous les possédons, et non parce qu'elles sont indispensables. Faites la différence : le but est surtout de déterminer ce qui est vraiment essentiel pour vous. Mettez-vous vraiment vos chapeaux ou avez-vous juste craqué, à un moment, pour un de ces couvre-chefs qui vous tentaient ?

Les écharpes et foulards

Une écharpe ou un foulard peut changer complètement l'allure d'une tenue, nous l'avons dit. Si vous avez déjà restreint au minimum votre garde-robe, réfléchissez donc bien : ces accessoires peuvent vous aider à changer d'apparence, sans forcément changer de vêtements.

Débarrassez-vous des foulards vieillots, des écharpes qui vous grattent, des imprimés que vous n'aimez plus. La vie est trop courte pour s'encombrer de choses que nous n'aimons pas.

Si vous en avez trop, gardez les accessoires de qualité. Vous ressentirez un plaisir secret à chaque fois que vous les utiliserez. Et ce plaisir transparaîtra dans votre attitude.

Les bijoux, les montres, les ceintures

Certains minimalistes ne gardent qu'une seule parure de bijou, mais de grande valeur (sentimentale ou pécuniaire). Ainsi, ils se dispensent de choisir leurs bijoux tous les matins : ils sont sûrs, avec les objets qu'ils ont gardés, d'avoir toujours les bijoux qui vont avec leur style et leur personnalité. Êtes-vous aussi du genre à vous contenter d'une seule parure, ou aimez-vous changer ?

Le minimalisme n'est pas une vie de privation. Le plus important est de savoir comment vous fonctionnez, vous, et quelles sont vos frustrations. Mais tout minimaliste admet que moins on en a, mieux on se sent.

Si vous avez des bijoux en or ou en argent que vous ne mettez plus, pourquoi ne pas les faire fondre pour faire un bijou que vous aimerez porter ? Ce bijou sera unique. En outre, vos anciens bijoux ne vous encombreront plus inutilement.

La montre est considérée comme un accessoire de mode. Mais si elle ne remplit que sa fonction pratique, posez-vous la question : est-elle vraiment indispensable ? Vous avez déjà l'heure sur votre téléphone portable, si celui-ci reste toujours sur vous.

Revoyez les ceintures que vous possédez. Débarrassez-vous de celles qui ne vont avec aucun de vos vêtements ou qui ne correspondent pas à votre style : trop épaisse, trop fine, trop voyante…

Témoignage de Caroline, maman de deux enfants
De *fashion victim* à maman minimaliste

Comment c'était avant

J'étais une vraie accro au shopping. En créant un blog, je me suis confortée dans cette manie. Sur la toile, j'ai en effet trouvé plein de filles comme moi, qui aimaient acheter pour se faire plaisir, se rassurer, s'incarner. J'avais un excellent prétexte pour acheter encore plus : il fallait que je photographie des looks pour mes lectrices. Mon blog a très bien marché ; j'avais des dizaines de milliers de lectrices, j'étais au top. Bizarrement, alors que j'avais toute légitimité pour acheter, et les moyens de le faire, je n'étais pas heureuse. Les cadeaux des marques, les prix de privilégié/e, les trouvailles ne suffisaient pas à mon bonheur. Du tout. Le matin, je n'arrivais pas à m'habiller, ni à poster un look convaincant sur mon blog. Je ne me retrouvais plus dans aucun style, et pourtant, j'avais tout tenté : l'ultra-tendance, le rétro, le chic, mais rien n'y faisait. Pendant cette période, j'ai accumulé plus que d'habitude, dans l'espoir de me trouver. Je faisais du shopping tous les jours. J'avais carrément une pièce consacrée à mon dressing. Mon seul loisir était de chercher la perle rare. Je passais des heures dans les brocantes, les boutiques *vintage*, les grandes enseignes : je n'avais plus rien d'autre dans ma vie. Enfin, presque, puisque je venais de rencontrer quelqu'un.

Le déclic

Un homme pas du tout tendance qui, pour mon anniversaire, m'a offert un billet d'avion. Il voulait que je le suive en Inde. En moto. Poids maxi du sac : 15 kilos. Taille maxi : un sac à dos qui peut tenir à l'arrière de la moto. Dedans : deux jeans, une jupe, trois tee-shirts, cinq culottes, trois gilets, un foulard, trois paires de chaussettes, une paire de baskets, une paire de sandales plates, une crème, un dentifrice, une brosse à dents, une brosse à cheveux. C'est tout. Plus fort que la garde-robe capsule ! Nous avons longé toute la côte ouest du pays pendant quatre mois. Et force est de constater que :

1. Je n'ai jamais été si heureuse.
2. Aucun de mes vêtements ne m'a manqué.
3. Le shopping ne m'a pas manqué non plus.

À mon retour, j'ai lu *L'Art de la simplicité* de Dominique Loreau et j'ai vendu, donné, trié, épuré au maximum. Seul domaine encore un peu excessif : les chaussures.

J'en ai 25 paires (contre 130 avant). Mais si on y réfléchit : cinq paires d'été, cinq paires de mi-saison, cinq paires d'hiver, cinq paires habillées, cinq paires très confort/sportives, ce n'est pas si terrible.

En quoi ce changement m'a aidée

Aujourd'hui, j'ai deux enfants. On vit dans un trois-pièces de 60 m² à Paris, et je ne pourrais pas consacrer une pièce à mon dressing. Pas plus que je n'aurais le temps de choisir avec soin une tenue complexe. J'ai besoin que tout soit simple, que tout aille avec tout, et c'est la même chose pour mes enfants. Même si j'ai gardé un goût certain pour l'esthétique, j'achète maintenant de belles pièces qui durent. Le dressing de mes enfants tient dans la table à langer. Le mien se trouve dans le petit placard au-dessus de la cheminée.

Nous avons opté pour les médecines douces. La pharmacie tient dans une petite boîte : quelques huiles essentielles, de l'argile, du bicarbonate de soude, de l'huile de coco, de l'argent colloïdal, du charbon et du citrobiotic.

Nous avons adopté la motricité libre : pas de transat, ni de parc. Nos enfants ne possèdent pas de couverts personnels : pas de « *babycook* », pas de couverts en plastique ou de bols moches. Pendant toute la période où ils étaient bébés, nous n'avions pas de poussette. Nous les portions. Bref, avec le minimalisme, tout est devenu plus simple, plus fluide, moins encombrant, moins cher – ou plus cher, mais beaucoup plus durable.

Mon budget shopping est devenu un budget loisirs. Il est désormais consacré aux expériences en famille. Quand je veux me faire plaisir, je m'offre des cours, des formations, des ateliers. J'ai appris l'aromathérapie pour soigner mes enfants, la discipline positive, et je suis également un atelier d'écriture hyper-stimulant. Mes enfants ont peu de jouets, mais ils s'amusent bien. Nous concentrons tout sur l'expérience. Leurs derniers cadeaux d'anniversaire : un week-end au bord de la mer et une journée au zoo.
Notre petit appartement semble grand, car il n'y a pas de meubles de rangement envahissants. Nos salaires ne sont pas très élevés, mais nos amis sont toujours étonnés de tout ce que nous pouvons faire avec !

La salle de bain

Les produits

Quand on achète beaucoup de produits pour prendre soin de son corps, on remplit très vite la salle de bain. Et cette pièce devient tout aussi vite un capharnaüm.

Les fabricants de cosmétique nous vendent tellement de rêve qu'on est tenté d'acquérir toutes leurs potions magiques : la dernière crème à la mode pour avoir la peau plus lisse, le mascara en vogue pour mettre plus en valeur ses yeux, le rouge à lèvres qui vient de sortir pour avoir la bouche plus pulpeuse. Mais à peine le produit est-il acheté qu'un autre attire notre attention, et ses effets nous semblent encore plus magiques. Nous nous lançons alors dans une quête sans fin de produits plus spectaculaires les uns que les autres et, bien sûr, cela ne s'arrête jamais.

Mais à bien y réfléchir, avons-nous besoin de tous ces artifices pour être présentable ? Un sommeil réparateur, une alimentation équilibrée, une hygiène de vie saine aident beaucoup plus que toutes ces crèmes réunies.

La notion de beauté est très subjective. Demandez à votre compagnon comment il vous préfère, vous serez peut-être surprise par la réponse.

De plus, avec les produits de beauté, il faut faire très attention. S'ils sont mal conservés, ils deviennent dangereux pour notre corps. Vous mettez chaque jour ces produits sur votre peau, alors veuillez à ce que votre peau reçoive vraiment le meilleur.

L'association « 60 millions de consommateurs » a récemment publié une liste des produits contenant des éléments dangereux, et notamment des perturbateurs endocriniens. D'où l'importance de bien choisir ses produits et d'en vérifier la composition avant d'acheter.

Triez vos produits de beauté. Vous ne devez garder que ce qui est vraiment bon pour vous et qui est compatible avec votre type de peau, votre type de cheveux… Vérifiez la texture et l'odeur de chacun : il ne faut pas qu'ils aient changé.

Faites la liste des produits dont vous avez vraiment besoin :

- un produit pour nettoyer les cheveux
- un produit pour hydrater la peau
- un produit pour vous laver le corps
- un produit pour vous laver les dents

À vrai dire, il n'en faut pas beaucoup pour prendre soin de nous.

Depuis quelques années, on trouve dans les magasins des alternatives naturelles aux produits habituels, comme les shampooings et les dentifrices.

L'application Clean Beauty

Il existe une application, *Clean Beauty*, développée par Officinea, qui permet de savoir si vos produits de beauté contiennent des ingrédients controversés. Pour cela, il suffit de photographier les ingrédients du produit. L'application vous renverra les noms de ceux qui sont sujets à controverses. *Clean Beauty* repère notamment dans la composition des produits les allergènes et les perturbateurs endocriniens.

Les petits appareils et les accessoires

Dans notre salle de bain, nous retrouvons également différents petits appareils pour prendre soin de nous, pour sécher nos cheveux, nous coiffer, nous épiler, nous masser…

Comme les produits de beauté, certains de ces appareils « vendent du rêve ». Mais nous voyons bien que la réalité est différente des spots de pub ou des photos visibles dans le mode d'emploi. Ces appareils sont peut-être efficaces sur un certain type de cheveux ou un certain type de peau. Voyez s'ils vous aident vraiment ou non. D'autres appareils sont efficaces, mais pas très pratiques. Valent-ils la peine de s'encombrer ?

Nous avons aussi toutes sortes de petits accessoires plus ou moins utiles comme les limes, les coupe-ongles, les rasoirs… Séparez-vous des doubles et des triples exemplaires. Quand on n'a qu'un seul exemplaire de ce genre d'accessoires, on se force à lui attribuer une place attitrée, et on n'a plus besoin de le chercher partout le jour où on en a besoin.

Parfois, vous vous rendrez compte qu'un petit accessoire manuel est moins encombrant et moins exigeant en entretien qu'un gros appareil.

Le linge de toilette

Savez-vous combien de linges de toilette vous possédez en tout ? La plupart du temps, nous avons un stock énorme de serviettes qui attendent d'être utilisées. Mais nous n'en utilisons qu'une à chaque fois.

À vrai dire, deux serviettes par personne sont amplement suffisantes. Vous laverez l'une quand vous utilisez l'autre et ainsi de suite. Si le contact des serviettes microfibres ne vous dérange pas, vous pouvez même en avoir une seule, car celles-ci sèchent très vite.

Gardez les serviettes que vous trouvez agréables, afin que sortir de la douche, soit toujours un plaisir. Choisir les objets les plus confortables n'est pas du snobisme. La vie nous entraîne dans un tel tourbillon qu'il est vital de prendre régulièrement soin de soi. Il faut donc que ces petits moments, consacrés à nous seuls, soient des temps de plaisir. Notre humeur n'en sera que meilleure pour la journée à venir.

Certaines personnes aiment les serviettes douces pour leur toucher câlin ; d'autres préfèrent les serviettes rêches pour vivifier la peau de bon matin. Il n'y a pas de règles.

Dans une famille nombreuse, utilisez un code couleur par personne, pour simplifier la gestion des serviettes.

Restent les objets liés au démaquillage. À la place des lingettes démaquillantes et du duo coton/lotion, choisissez une alternative minimaliste : le gant démaquillant. Le principe : vous mettez de l'eau sur le gant pour vous démaquiller, puis vous lavez votre gant à la fin du démaquillage. Ce gant sèche très vite, car il est en microfibres. Cet objet me semble beaucoup plus pratique que les cotons lavables.

Une astuce pour se débarrasser des serviettes

Vous avez trop de serviettes, et après avoir fait le tri, vous voulez vous débarrasser d'un bon nombre d'entre elles ? Contactez les refuges pour animaux ! Ils ont parfois besoin de renouveler leur stock. Vous ferez des heureux !

La chambre

S'il y a un endroit qui devrait être épuré et zen, c'est bien notre chambre !

Le lit

La chambre doit être un lieu reposant ; elle est notre refuge après une dure journée. Un petit cocon où l'activité principale est le repos. Alors il est important qu'il n'y ait pas de fouillis ni d'objet superflu dans cette pièce. Le seul élément vraiment important est le lit.

Mais nous savons bien que nous ne faisons pas que dormir dans notre lit. Faites une petite liste de ce que vous y faites. Soulignez les plus importantes : il faut que le lit puisse être adapté à ces habitudes. Vous avez l'habitude de lire sur votre lit ? Vous aimez y écouter de la musique ?

Listez les objets dont vous avez vraiment besoin pour ces activités.

Activités	**Objets**
Dormir	Lit, linge de lit, oreiller
Lire	Lampe, bibliothèque ou rangement temporaire pour le livre du moment
Écouter de la musique	Lecteur de disques ou tablette

Quand on fait presque tout sur son lit, il peut être fastidieux de lister toutes les activités. Mais cela en vaut la peine : c'est un tel plaisir de n'avoir que ce dont on a besoin, là, à portée de main. Faites en sorte de ne pas laisser traîner d'autres choses dans votre chambre. Pour dormir, seul le matelas, une couette, des oreillers et du linge de lit sont indispensables. Le reste dépend de vos activités. De quoi avez-vous vraiment besoin, en dehors de ces indispensables ?

Profitez de ce désencombrement pour vérifier la qualité des matelas et sommiers que vous utilisez dans la famille. Ne lésinez pas sur la qualité de ceux-ci, surtout pour les enfants, qui peuvent dormir jusqu'à 14 heures par jour..

La chambre des enfants

Désencombrer une chambre d'enfants est plus délicat que pour une chambre d'adultes. La première comporte le plus souvent un bureau, toutes les fournitures scolaires et, bien entendu, des jouets.
Ce travail semble titanesque, mais fractionnez-le par activité pour avancer :

- **Dormir** : triez et désencombrez la literie des enfants. Limitez strictement le nombre de doudous dans le lit, car ce sont de vrais nids pour les acariens.
- **Travailler** : parmi les anciens travaux et cahiers, choisissez avec votre enfant ceux que vous souhaitez garder. Vous voudriez tout garder en souvenir ? Prenez du recul. Limitez le contenant de ces « souvenirs » à un carton pour ne pas vous encombrer, et refaites un tri à chaque fois qu'un objet doit y rentrer.
- **Jouer** : le sujet des jouets est très vaste, nous allons en parler dans le chapitre suivant.

Le linge de lit

Le cas du linge de lit est similaire à celui des serviettes : deux sets par lit peuvent suffire (housse de couette + drap housse + taie d'oreiller + alèse). L'idée est que vous en ayez toujours un propre quand l'autre est sale.

Par expérience, je recommande cependant d'en avoir trois pour les jeunes enfants, qui ont parfois de petits accidents. En une soirée, ils peuvent mettre KO deux sets. Cela m'est déjà arrivé, et j'aurais été bien embêtée si j'avais eu deux sets seulement. Mais en dehors des petits, il est rare d'avoir besoin de plus de deux sets. Et si jamais cela arrive, il y a toujours moyen de se débrouiller avec les sets des autres lits.

Choisissez soigneusement une matière dans laquelle vous vous sentez bien. Nous passons tout de même près du tiers de notre vie au lit, alors autant y être le plus à notre aise. Choisissez bien votre couette, également. Elle peut avoir une grande influence sur votre confort, et donc votre sommeil. Voici un petit tableau récapitulant les types de couettes actuels.

	Avantages	**Inconvénients**	**Lavage**
Couettes synthétiques	Légères, facilement lavables, peu chères.	Matière non respirante, qualité thermique variant selon les modèle. Suivant la qualité, elle peut favoriser la surchauffe durant le sommeil.	En machine
Couettes en plumes	Légère, régule la température du corps : chaud en hiver, frais en été.		En machine
Couettes ou couvertures en soie	Douce, légère, confortable : chaud en hiver, frais en été, naturellement anallergique.	Le lavage à l'extérieur.	Lavage à sec une fois par an.
Couettes ou couvertures en laine	Légère, dépourvue d'acariens, matière respirante qui ne favorise pas le développement des acariens.	Le lavage à l'extérieur, si vous n'avez pas de programme Laine sur votre machine.	En machine, avec le programme Laine ou lavage à sec.

Choisir avec soin chaque élément pour notre sommeil est important, nous l'avons vu. Il est si agréable de se glisser le soir dans un lit douillet, après une dure journée.

La bibliothèque

Je pensais que trier ma bibliothèque serait difficile, car j'aime beaucoup lire et j'aime beaucoup les livres.

Quand j'étais petite, je rêvais d'avoir une bibliothèque comme celle du dessin animé *La Belle et la Bête*. Maintenant, quand j'y repense, cela me donne le tournis : je n'imagine pas ce que c'est, d'entretenir un tel attrape-poussière !

Heureusement, de nos jours, il y a des alternatives au livre papier :

- De nombreux livres existent maintenant en version pdf ou epub, c'est-à-dire dans un format pouvant être lu sur un support numérique. Ce format est facilement transportable grâce aux liseuses et tablettes.
- Les livres en version audio se développent actuellement. Leur avantage : on peut les écouter pendant nos déplacements.

Trier ses livres, cela ne signifie pas toujours s'en débarrasser. Vous pouvez vous séparer de la version papier pour acquérir la version numérique. Mais là non plus, n'abusez pas : n'achetez la version numérique que si vous voulez relire le texte en question.

Cela fait des années que je me sépare, petit à petit, de mes livres, en les revendant sur internet. Le stock a diminué, mais pas aussi vite que je le souhaitais. Je me sentais toujours attachée aux livres que j'avais. Je laissais donc difficilement chacun de ces livres sortir de chez moi.

C'est après avoir lu le livre de Marie Kondo que j'ai commencé à trier vraiment efficacement ma bibliothèque. J'ai néanmoins un peu adapté sa méthode. J'ai réuni tous mes livres devant moi. Je n'en avais plus beaucoup ; je pouvais tous les voir. Et au lieu de les prendre un à un, j'ai sélectionné seulement ceux qui me parlaient et que je voulais vraiment relire. Ceux-là étaient des livres qui me mettaient en joie.

Depuis tout petits, nous avons appris à respecter les livres. Mais le livre reste un objet comme un autre. Ce n'est pas en possédant tel ou tel livre qu'on devient intelligent. Nos connaissances sont en nous : ne nous laissons pas bercer par l'illusion de paraître à travers nos livres.

3

Désencombrer la maison : les pièces communes

Une fois que vos possessions personnelles ont été triées, il faut passer à la vitesse supérieure et vous occuper des pièces communes.

Peut-être qu'à ce stade, votre famille aura commencé à voir les changements opérés dans vos possessions personnelles. Et peut-être qu'à ce moment, aussi, vos proches seront un peu plus ouverts au changement.

Pour ce qui est des pièces communes, il est possible que vous deviez négocier le tri avec vos proches. Cela peut concerner seulement certains objets. Armez-vous de patience, car ce désencombrement ne va pas toujours aller au rythme voulu !

Le séjour

Le séjour est une pièce où ont lieu beaucoup d'activités. La pièce peut donc vite devenir un grand bric-à-brac, si l'on n'y prend pas garde et si l'on y stocke des objets qui n'y ont pas leur place.

Avant de commencer à trier les objets dans votre séjour, listez les choses que vous y faites et les objets dont vous avez besoin pour ces activités.

Activité	**Objets**
Regarder la télévision	Télévision, meuble TV, canapé, télécommande...
Jouer à des jeux de société	Table, meuble de rangement de jeux, jeux...
Écouter de la musique	Chaîne Hifi, CD ou ordinateur...
Jouer à la console	Télévision, console de jeux, jeux vidéo...
Faire les devoirs	Table, stylos...
S'occuper des papiers administratifs	Table, stylos, enveloppes, timbres...
Recevoir des invités	Canapé, table, chaises...

Vous obtiendrez ainsi la liste des objets que vous utilisez vraiment dans votre séjour. Cette liste vous servira de base pour le tri. Elle peut aussi amorcer un déclic : vous allez donner de l'espace à ces objets que vous utilisez vraiment. Y a-t-il dans votre séjour des objets que vous n'avez pas listés ?

Si vous souhaitez un séjour épuré, évitez d'accumuler des bibelots et des petits éléments de décoration. Par définition, ces objets n'ont d'autre fonction que de décorer, et pourtant ils nous demandent beaucoup de temps en entretien, car la poussière s'y dépose tous les jours. Privilégiez plutôt les cadres muraux ou les plantes vertes, pour ne pas avoir à épousseter de petits objets fragiles.

Les objets culturels : CD et DVD

Vous aimez écouter de la musique ou regarder un film depuis votre canapé, et vous avez une impressionnante collection de CD et de DVD ? Regardez votre collection de plus près. Écoutez-vous tous vos CD ou certains font-ils partie d'une période révolue ?

Trier nos possessions nous oblige parfois à remonter le chemin que nous avons parcouru jusqu'ici. Nous changeons au fil des années, nos goûts et notre style évoluent également. Un CD que vous avez écouté lors de votre adolescence trône peut-être encore dans votre collection. Mais l'écoutez-vous toujours ? N'est-il pas temps de faire de la place pour votre vie et vos goûts d'aujourd'hui ?

Si vous mettez du temps à retrouver les CD que vous aimez écouter parmi tous les CD que vous n'écoutez plus, il est temps de les sortir du troupeau ! Et c'est le moment, également, de vous séparer de ce qui ne correspond plus à votre vie actuelle.

Pour les DVD, la démarche est exactement la même. Il y a les films que nous aimons regarder plusieurs fois, et il y a ceux que nous ne regarderons plus (ou qui ne valent même pas la peine de s'y attarder une fois !).

Un moyen radical pour ne plus être encombré par les CD et les DVD est de passer au numérique. Beaucoup d'offres existent sur le marché. Vous pouvez :

- acheter le film ou l'album en format dématérialisé
- vous abonner à une plateforme et y avoir un accès illimité, sans posséder le film ou l'album
- louer la version numérique d'un film pour la visionner pendant une période limitée

Vous pourrez ainsi emmener votre propre médiathèque n'importe où, et votre maison sera délestée de toutes ces boîtes…

Les produits numériques et la loi

Attention, il n'est pas légal de numériser un CD ou un DVD et de le revendre ensuite. Par conséquent, si vous voulez posséder légalement la version numérique d'un album/d'un film, vous pouvez numériser l'œuvre, mais il faudra garder le CD physique. Si vous ne voulez pas garder le CD physique, il faudra payer pour posséder légalement la version numérique.

Mais beaucoup de questions ont été soulevées quant à la notion d'« occasion » numérique. Vous ne pouvez ainsi pas revendre vos biens numériques, sous peine de poursuites. Raison de plus pour faire attention à chaque achat !

Les jeux de société, les jeux vidéo, les jouets des enfants

Comme le séjour est, la plupart du temps, la pièce à vivre au quotidien, on peut y retrouver les jeux de toute la famille.

Si c'est là que vous et vos enfants jouez le plus, il faudra trier les jeux et ranger les principaux à l'endroit où ils sont le plus utilisés. Ne les remettez pas dans les chambres : cela vous obligerait à vous déplacer encore.

Faites une deuxième sélection parmi les jeux que vous gardez. Il est fatiguant de chercher le jeu auquel on joue souvent parmi tout un tas d'autres jeux. Les jeux très occasionnels ne sont peut-être pas là à leur place. Pensez au quotidien : il faut simplifier vos gestes au maximum.

Pour les jeux vidéo, nous avons parfois plusieurs versions d'un même jeu, étant donné qu'ils évoluent. Gardez la version que vous aimez le plus. Les autres peuvent être revendues dans les magasins spécialisés ou sur internet.

Bien que les jouets des enfants ne se trouvent pas toujours dans le séjour, nous allons devoir en parler ici. En effet, les jouets, surtout ceux des enfants en bas âge, ont la faculté extraordinaire de se balader partout dans la maison… et de traîner par terre.

Le principal problème avec les jouets, surtout quand on a plusieurs enfants, c'est qu'ils sont nombreux. Pourtant, leur entrée dans la maison n'est pas toujours contrôlée. Il y a bien sûr les jouets que nous-mêmes, parents, achetons pour faire plaisir à nos enfants, parce que nous avons eu une envie, ou même, parfois, parce que nous avons voulu ce jouet quand nous étions petits… Mais il y a aussi les jouets ramenés par d'autres personnes pendant les anniversaires, ou pour n'importe quelle occasion : et c'est là que nous perdons parfois le contrôle sur ces objets.

Le désencombrement des jouets est difficile. Comme nous l'avons vu, assurez-vous plusieurs fois que votre enfant est bien disposé à se séparer d'un objet. Car une fois l'objet sorti de la maison, il n'y aura pas de retour en arrière possible. Inutile de préciser que les enfants ont cette capacité un peu déroutante à revenir sur leurs choix et à regretter leurs décisions !

Pour bien désencombrer, regroupez tous les jouets au même endroit. Cette étape peut être fastidieuse, car les jouets se cachent partout. Triez par catégories. En voyant qu'il a une dizaine de petites voitures, un enfant peut très bien prendre conscience de l'inutilité de quelques-unes et vouloir s'en délester.

Si vos enfants ont vraiment trop de jouets, commencez par réunir les jouets d'une seule catégorie, et triez ainsi au fur et à mesure. L'avantage, quand on a tout en un seul endroit (référence, encore, à la méthode KonMari), c'est que l'on voit tout de suite tout ce qu'on possède et qu'on est plus motivé à trancher dans le vif. En procédant par étapes, vous ne verriez pas la vraie quantité de jouets que vos enfants possèdent.

Lors de votre tri, et avec l'accord de votre enfant, séparez-vous des jouets :

- cassés, qui ne fonctionnent plus
- incomplets
- qui ne correspondent plus à l'âge de votre enfant
- en double ou triple exemplaires
- avec lesquels il ne joue pas
- jamais sortis de leur boîte

La cuisine

Nous passons tous les jours dans notre cuisine. Vous arrive-t-il parfois de jeter des aliments périmés ? Avez-vous uniquement des ustensiles que vous utilisez vraiment ?

Les denrées alimentaires

Nous nous laissons parfois porter par les achats quand il s'agit de nourriture. Avec les promotions « deux achetés, un gratuit », bien exposées en tête de gondole, il est facile d'être tenté/e... Et très vite, nos placards se remplissent d'aliments en tout genre, qui ne correspondent pas forcément à ce que nous voulons cuisiner. Alors à la fin de la semaine, ou à la fin du mois, on jette des aliments qui ont atteint leur date de péremption, qui ne sont plus bons à manger. Quel gâchis !

Tout d'abord, sachons décrypter les dates inscrites sur les emballages. S'il est écrit :

- « À consommer avant » : il s'agit d'une date limite de consommation (DLC). Cette date indique le moment à partir duquel la qualité de l'aliment n'est plus garantie. L'aliment peut, à partir de cette date, représenter un danger pour la santé du consommateur.
- « À consommer de préférence avant le » : il s'agit d'une date de durabilité minimale (DDM), anciennement appelée date limite d'utilisation optimale (DLUO), qui indique la date à partir de laquelle l'aliment peut perdre une partie de ses qualités en goût ou en texture, mais sans que celui-ci représente un danger.

Au moins une fois par an, sortez tous les aliments de votre garde-manger et faites le tri. On est parfois étonné de ce qu'on peut y trouver : des produits achetés sur un coup de tête, à cause d'une promotion ou d'une recette un peu exotique qui a demandé un ingrédient particulier.

Triez les épices. Repérez celles que vous utilisez le plus et celles qui ont atteint la date de péremption, alors qu'elles ont à peine été utilisées.

Les ustensiles et plats de présentation

Ah, les moules à gâteau, les ustensiles gadgets, les verrines, les verres en tout genre, les assiettes de toute taille, les casseroles et les marmites…. La cuisine est sûrement la pièce qui contient le plus de petits accessoires. Cependant, force est de constater que tous ne sont pas utilisés. Certains de vos ustensiles sont peut-être encore dans leur emballage d'origine.

Je l'ai déjà dit précédemment, mais c'est particulièrement vrai dans la cuisine : souvent, nous utilisons des objets parce que nous les possédons, et pas forcément parce que nous en avons besoin. Par exemple, si vous n'avez pas de cuillère à glace, je suis sûre que le jour où vous voudrez vous servir dans un pot de crème glacée, vous vous débrouillerez très bien avec une cuillère normale.

Et c'est ainsi pour tous les ustensiles. La plupart d'entre eux ne sont pas indispensables. Ils sont peut-être juste un peu plus pratiques dans certaines situations, cependant peu fréquentes. Pour autant, faut-il leur accorder toute cette place dans nos tiroirs ? Évaluez l'utilité de chaque ustensile dans votre quotidien. Faites un ratio encombrement/praticité.

Je rappelle que le minimalisme est totalement subjectif. Ainsi, pour moi, un ustensile spécial pour peler une pomme est totalement superflu. Je préfère ne posséder qu'un simple couteau, plutôt que d'encombrer mes placards avec cet ustensile spécial.

Si vous avez beaucoup d'ustensiles et que vous voulez désencombrer, pensez à mutualiser l'utilisation des accessoires. Je m'explique : si un objet n'a qu'une seule fonction, qui peut être assurée par un autre ustensile, privilégiez plutôt l'objet multifonction. Ainsi, vous libérerez de l'espace dans vos placards.

Pour les plats de présentation, réfléchissez à vos habitudes. Recevez-vous souvent des amis ou de la famille pour justifier la présence de ces plats ? Voici une astuce pour ne pas stocker trop de plats de présentation, qui ne servent qu'une ou deux fois par an : ayez de grandes assiettes blanches en porcelaine dans votre vaisselle quotidienne. Ainsi, vous pourrez facilement les transformer en plats de présentation le jour où vous en aurez besoin.

Les appareils

Il existe sur le marché toutes sortes d'appareils de cuisson ou d'aide à la préparation des plats. Les prix varient de quelques dizaines d'euros à plus d'un millier : il y en a pour toutes les bourses. Pour peu qu'on aime cuisiner, on se laisserait facilement tenter. Faites le tour de votre cuisine. Avez-vous des appareils encore dans leur boîte, attendant d'être utilisés ? Comme beaucoup d'objets de la maison, on pense qu'on les utilisera « un jour ». Mais si certains d'entre eux sont utilisés quotidiennement, d'autres ne seront jamais sortis de leur boîte.

Il peut y avoir plusieurs raisons à cela :

- l'objet en question est très spécifique, et de ce fait, on n'a presque jamais l'occasion de l'utiliser.
- l'objet est très complexe. On préfère donc utiliser un ustensile un peu plus simple. On se dit qu'on utilisera l'objet complexe quand ça en vaudra la peine et quand on aura lu le mode d'emploi…
- l'objet est saisonnier. Mais même en saison, on oublie parfois de faire la recette pour laquelle nous avons acheté l'objet en question.

Ces appareils complexes tendent à compliquer la cuisine elle-même… Il est pourtant simple de bien manger sans ustensiles sophistiqués.

La cuisine minimaliste

Et si vous vous mettiez à la cuisine minimaliste ?
Le principe est de simplifier au maximum les recettes, en utilisant le minimum d'ingrédients, avec le minimum d'ustensiles, et également en cuisinant en un minimum de temps.
Beaucoup de livres existent qui regroupent des recettes simples et faciles à cuisiner. À vous de faire votre choix : *Recettes avec moins de cinq ingrédients ; Cent recettes, cinq ingrédients, dix minutes ; Se régaler avec trois ingrédients...*

L'entrée

L'entrée est la pièce qui nous accueille tous les soirs après une dure journée de travail. Elle devrait nous faire oublier tous les soucis du monde extérieur. Nous rentrons dans notre cocon douillet.... C'est aussi la dernière pièce de la maison que l'on voit tous les matins, avant de foncer vers notre folle journée.

L'entrée c'est enfin le lieu que nos invités verront en premier, en arrivant chez nous. Raison de plus pour qu'elle soit accueillante et agréable.

Le courrier

Tous les soirs, en rentrant chez nous, nous faisons un geste machinal : récupérer le courrier dans la boîte aux lettres et le déposer dans un endroit proche de l'entrée. Mais si le courrier n'est pas traité au fur et à mesure, nous accumulons très vite une pile de lettres et de prospectus à trier.

Le problème avec le courrier, c'est qu'il fait rentrer tous les jours des objets chez nous. Il vaut donc mieux traiter ces lettres efficacement et au plus vite, afin qu'elles ne nous encombrent pas.

Selon vos disponibilités, choisissez un système qui vous convienne :

- Soit vous traitez le courrier au fur et à mesure, donc quasiment tous les jours. Dans ce cas, consacrez au moins cinq minutes de votre soirée pour vous en occuper.
- Soit vous choisissez un jour pour traiter le courrier de la semaine. Dans ce cas, vous aurez peut-être besoin de vingt minutes.

Personnellement, je traite le courrier le jour où il entre dans la maison, pour ne pas voir traîner une pile de courrier dans le salon. Certains courriers, comme les prospectus ou les messages commerciaux, passent directement de la boîte aux lettres à la poubelle de recyclage. Ce sont des gestes qui peuvent être évités en se désabonnant de la liste de diffusion des marques et en collant un « Stop Pub » sur votre boîte aux lettres. Si vous voulez tout de même recevoir des nouvelles de certaines marques, abonnez-vous à leur newsletter numérique. Cela vous encombrera moins.

Quant au courrier qui passe de la boîte aux lettres au placard des papiers administratifs, voyez s'il est possible de le dématérialiser. Plusieurs organismes vous proposent des e-factures.

Dans tous les cas, le but est de réduire au maximum la quantité et le temps de traitement du courrier. Donc, si un jour vous ne pouvez pas traiter votre courrier, ne soyez pas inquiet : ce système autorise une certaine flexibilité. Faire cela le lendemain, c'est très bien aussi.

Le pot fourre-tout

Gad Elmaleh a parlé de ce pot dans l'un de ses sketchs. Et à entendre les rires du public, il est bien probable que tout le monde possède ce pot où l'on met tout et n'importe quoi !

Vous l'avez ? Ce petit pot, en général, se trouve dans le séjour. Il accueille les petits objets sans domicile fixe. Mais ces objets, au final, deviennent les locataires permanents du petit pot. Pourquoi ? Parce qu'on ne prend pas le temps de choisir un véritable endroit pour les ranger.

Mais qu'avez-vous dans ce pot ? Sûrement plusieurs « au-cas-où ». Des piles, des cadenas sans clés, ou des clés sans cadenas, des stylos qui ne fonctionnent pas bien, un bâton de colle, du scotch, des épingles à nourrice, des boutons, un briquet…

Avez-vous vraiment besoin de tous ces petits objets ? Quand les avez-vous utilisés pour la dernière fois ? Quand vous avez eu besoin d'une épingle à nourrice, est-ce que vous êtes venu/e la chercher là ? Non, ce jour-là, vous avez sans doute cherché l'épingle dans votre trousse à couture…

Triez le fourre-tout. Rangez à leur place les objets qui sont encore utiles. Débarrassez-vous de ceux qui n'ont plus d'utilité pour vous. Et comme d'habitude, ne gardez que ce qui est vraiment utilisé. Votre maison ne doit pas être un gros pot fourre-tout. Soyez strict dans le choix des objets qui vous entourent au quotidien : vous vous sentirez bien mieux et plus léger.

Les objets divers : les clés, les lunettes, les parapluies, les sacs et les cartables

Parce que l'entrée est un lieu de passage, elle peut devenir un endroit où l'on entrepose « temporairement » plusieurs choses. Or, toutes ces choses forment très vite un amas d'objets. Un tas dans lequel on les reconnaîtra à peine, une à une, tant elles y ont traîné. Mais bizarrement, pendant tout ce temps, nous n'avons pas eu besoin d'elles !

Noyés parmi tous ces objets non identifiés, il y a les objets importants. On passera donc du temps à les chercher chaque fois qu'on en aura besoin. Mais comprenez qu'en cherchant nos objets quotidiens dix minutes par jour, nous aurons passé, au final, 153 jours de notre vie à les chercher.

Prenez le temps de penser à vos gestes du matin et du soir : que faites-vous en partant de chez vous ou en rentrant à la maison ? Si vous n'avez pas de rituel, établissez-en un. Avez-vous vraiment tout à disposition dans votre entrée, ou devez-vous chercher ce dont vous avez besoin tous les jours ?

Si vous avez un porte-manteau, n'y mettez que les manteaux et vestes utilisés dans la journée. Le porte-manteau n'est pas un lieu de stockage : rangez les autres manteaux et vestes dans vos penderies. Un porte-manteau encombré nous étouffe, même inconsciemment, lorsque nous arrivons chez nous. Je préfère d'ailleurs les crochets muraux aux pieds portants, car ceux-là ont l'avantage de dégager le sol. Pas besoin de déplacer quoi que ce soit pour passer l'aspirateur.

Autant que possible, évitez les meubles aux surfaces planes dans l'entrée. Ce genre d'endroits nous pousse à déposer des objets, qui attendront longtemps qu'on s'occupe d'eux.

Vous avez besoin d'un endroit pour suspendre vos clés et votre manteau, pour déposer vos lunettes, votre parapluie et votre sac ? Déterminez-les une bonne fois pour toutes, débarrassez l'entrée des objets qui n'ont aucune relation avec vos rituels de départ et d'arrivée, et tenez-vous-y. Vous verrez, cela vous simplifiera vraiment la vie.

4

Désencombrer la maison : les invisibles

Par « invisibles », je veux parler des objets que nous possédons et stockons sans les voir au quotidien. Il s'agit aussi de ces objets qui ne prennent pas beaucoup de place, physiquement, mais qui contribuent tout de même à l'encombrement.

La cave et le garage

La cave est, par définition, l'endroit où l'on stocke des objets que l'on utilise rarement. Le garage est fait pour abriter les véhicules, mais combien de personnes l'utilisent vraiment pour cela ? Pour beaucoup, le garage est un entrepôt rempli de cartons. La voiture, elle, est le plus souvent garée à l'extérieur.

Même si l'encombrement de la cave et du garage n'est pas visible au quotidien, il « reste dans notre tête ». Nous savons très bien que la cave et/ou le garage sont remplis, mais nous sommes incapables de citer précisément tout ce qu'ils contiennent.

Les outils

C'est une catégorie d'objets que l'on retrouve souvent dans les garages. Ils sont destinés à plusieurs activités : le bricolage, le jardinage, les travaux pour la maison, la mécanique…

Avoir des outils ne pose pas de problème en soi. Ce sont des objets utiles, pour la plupart. Certains parmi eux, cependant, ne le sont pas ou plus.

Parfois, nous avons besoin d'outils spécifiques pour un travail donné ; une fois ce travail fini, nous n'en avons plus besoin. Mais nous gardons l'outil pour une éventuelle réutilisation. Les années passent, et nous stockons toujours ces outils sans les avoir sortis une seule fois de la boîte. Que d'espace perdu pour rien ! Au lieu d'accueillir notre voiture dans le garage, nous y avons stocké des cartons d'outils restés fermés pendant des années.

Dans la même veine, nous gardons souvent, après des travaux, les restes de pots de peinture, de papiers peints, de bois, de parquet… Si cela fait des années que vous n'y avez pas touché, il est peu probable que vous y toucherez bientôt. Séparez-vous-en, en les donnant à des personnes qui en ont vraiment besoin.

Les accessoires de sport

Suivant les sports que vous pratiquez, vos accessoires peuvent être plus ou moins encombrants.

Prenez du recul sur votre vie d'aujourd'hui. Quel sport avez-vous encore le temps de pratiquer ? Est-il raisonnable de garder tous les accessoires d'un sport que vous ne pratiquez plus ? Si votre vélo d'appartement ou votre tapis de course n'est plus qu'un ramasse-poussière, il est peut-être temps de s'en séparer.

Pour les enfants, les accessoires peuvent changer assez vite, en fonction de leur taille. Débarrassez-vous de tout ce qui est trop petit pour eux, de ce qui est trop usé pour être donné aux autres enfants de la famille.

Les objets « au cas où »

Si les outils et les accessoires de sport sont utiles pour la plupart, il y a aussi des objets que l'on garde « au cas où » dans la cave ou le garage.

Nous gardons les choses mais nous ne savons même pas si nous en aurons vraiment besoin plus tard. Pourquoi continuer ainsi ?

- Par souci d'économie ? Il se trouve au contraire qu'en gardant les choses, on fait moins d'économies ! Voyez-vous, si nous stockons tout ce qui nous passe entre les mains, très vite, nous manquons d'espace. Et quand nous nous rendons compte que la maison est trop petite pour nos affaires, la plupart du temps, nous pensons que la solution est d'acheter une maison plus grande, pour avoir plus d'espace. Mais si nous continuons à vivre comme cela, il nous faudra toujours plus d'espace, encore et encore.
- Par peur de manquer ? Nous vivons à une époque où tout est facilement accessible. Les magasins sont ouverts presque tous les jours de la semaine. Les achats sur internet sont des plus simples. Même en vivant très loin de la ville, nous pouvons nous procurer facilement presque tout. Cette peur n'a plus lieu d'être.

Par ailleurs, le problème des objets « au cas où » c'est que, lorsqu'ils sont trop nombreux, le jour où on en a vraiment besoin, on ne sait plus où ils sont rangés. La conclusion est toujours la même : garder ces objets ne sert à rien.

Le bureau

Le désencombrement d'un bureau est un travail ingrat. Le tri des objets qui s'y trouvent peut demander beaucoup d'énergie, mais la place libérée n'est jamais conséquente. Il faut prendre une décision pour chaque feuille de papier, chaque petite fourniture. C'est un travail de longue haleine, mais indispensable pour mieux gérer les papiers au quotidien.

Les fournitures de bureau

Jetez un œil sur votre bureau. Combien de stylos avez-vous ? Je parie que vous en avez plus de cinq. Et pourtant, nous n'en utilisons qu'un à chaque fois, n'est-ce pas ?

Rassurez-vous vous n'êtes pas seul/e dans cette situation. L'exemple des stylos est flagrant, car c'est un objet qu'on acquiert facilement. Il nous est déjà arrivé d'acheter un beau stylo. Mais surtout, dans les salons, les foires, les séminaires et même à l'hôtel, des stylos sont donnés, à l'effigie de la marque qui offre. Machinalement, nous les prenons, car un stylo peut toujours être utile. Sauf qu'à force de les accepter, nous nous retrouvons avec une bonne dizaine d'entre eux à la maison. En bref, si vous continuez ainsi, vous n'aurez plus besoin d'acheter de stylo pour les cinq ans à venir.

Faites le tri dans vos fournitures pour l'écriture et jetez ce qui ne fonctionne plus. Si vous avez plus d'une dizaine de stylos, choisissez les deux ou trois plus confortables. À moins que vous ne soyez dans une phase d'écriture frénétique à la main, vous n'avez pas besoin de tous ces stylos.

Regroupez les fournitures par catégorie et posez-vous cette question pour chaque catégorie : ai-je vraiment besoin d'avoir trois règles ? Dix bâtons de colle ? Trois agrafeuses ?

Si vous faites du bricolage avec vos enfants et que vous consommez beaucoup de bâtons de colle, conservez-les. Mais gardez à l'esprit que vous en avez déjà dix chez vous : cela vous retiendra d'en acheter d'autres quand vous ferez les courses.

Pour les fournitures qui ne vous servent pas, apportez-les à des associations qui en ont besoin.

Les papiers administratifs

Si vous n'avez jamais pris le temps de mettre de l'ordre dans vos papiers, je vous conseille de vous y mettre le plus tôt possible. En effet, le courrier continue de rentrer chez vous et, s'il n'est pas rangé au fur et à mesure, la pile de papiers à traiter et à ranger qui trône déjà sur votre bureau deviendra monstrueusement grande.

L'idéal pour trier les papiers est d'avoir une déchiqueteuse. Au fur et à mesure, vous pourrez détruire directement les papiers importants que vous ne voulez pas garder, car il faut qu'ils soient éliminés de la bonne manière. Si toutefois vous n'avez pas de déchiqueteuse, armez-vous d'une bonne paire de ciseaux. Ne laissez pas d'informations confidentielles dans vos poubelles, pour éviter le vol d'identité.

Préparez les rangements de vos papiers

Préparez les futurs rangements dans lesquels vous allez mettre les papiers importants. Réfléchissez à ce qui vous convient le mieux. Le choix est large : classeurs, bacs de rangement, boîtes, meuble à dossiers suspendus…

PRENEZ CONNAISSANCES DES PAPIERS À GARDER

En France, la liste des papiers à garder est visible sur le site du service public[1]. Cette liste est régulièrement vérifiée : mieux vaut s'y référer en priorité.

PRÉPAREZ-VOUS ET AU BOULOT !

S'il y a un tri qui m'a vraiment marquée, c'est celui de mon bureau. Il m'a pris beaucoup de temps, mais cela valait vraiment le coup. En fonction du stock de papiers à trier, préparez-vous à y passer quelques heures ou quelques jours. Préparez un mug de thé, mettez de la musique et installez-vous confortablement. Il est temps de se débarrasser de tous les papiers qui ne valent pas la peine d'être gardés.

Un système d'organisation

Comme pour le courrier, le secret est d'avoir un système d'organisation qui vous convienne. Choisissez le moment où vous vous occuperez des papiers entrants : tous les jours, à chaque fois que vous les sortez de la boîte aux lettres, ou une fois par semaine en les récupérant dans une boîte dédiée.

Ensuite, pensez au classement en lui-même. Vous pouvez faire :

- Un dossier pour chaque catégorie. Je vous conseille de reprendre les catégories du service public.
- Un dossier par catégorie pour l'année en cours et un dossier par année pour les années précédentes. Ainsi,

1. https : //www.service-public.fr/particuliers/vosdroits/F19134.

les dossiers de l'année en cours ne sont pas nombreux, et donc plus faciles à gérer. Un porte-document compartimenté suffira donc pour tous les jours. À la fin de l'année, on met les papiers dans des boîtes intitulées « 2016 », « 2017 », etc. Ce seront des boîtes que l'on ouvrira moins que le trieur de l'année en cours.

- On peut aussi procéder de manière inverse : cela paraît moins ordonné, mais il y a des personnes qui fonctionnent bien comme ça. Elles ont un gros dossier pour l'année en cours, sans différencier les catégories. Tous les papiers qui arrivent dans l'année y sont glissés. À la fin de l'année, elles mettent les papiers dans des boîtes à catégories.

Si vous numérisez une partie de vos papiers, gérez-les de la même manière, afin de vous y retrouver. N'oubliez pas de les sauvegarder à deux endroits différents, par mesure de sécurité.

Les souvenirs

Trier les souvenirs est une activité qui peut être pénible. Chaque objet appelle un flot d'émotions, qui peut nous submerger. Si vous voulez être efficace, évitez de trier vos souvenirs un jour où vous êtes triste.

Les photos

De nos jours, à l'ère du numérique, il est très facile de prendre des photos et de les stocker. Il est aussi facile de les imprimer à la maison ou à une borne d'impression. Au fil des années, on s'encombre donc de photos, que ce soit en version papier ou en version numérique. De plus, si on ne prend pas le temps de regrouper ces images, on va les retrouver un peu partout dans la maison : dans des boîtes ou dans des albums, mais aussi dans les téléphones, dans l'ordinateur, sur des cartes SD, des clés USB, des CD ou des disques durs externes... Elles ne sont pas toujours regroupées ; il est donc très difficile de les retrouver le jour où on veut vraiment en voir une en particulier.

Et si vous triiez vos photos ?

- Débarrassez-vous des photos floues, mal cadrées... Donnez les doublons aux personnes qui sont sur les photos : elles n'ont peut-être pas d'exemplaire de cette photo et seraient contentes d'en recevoir un.
- Regardez les photos elles-mêmes : y en a-t-il sur lesquelles vous ne reconnaissez plus les personnes qui figurent ? Croyez-moi, cela m'est déjà arrivé. J'ai retrouvé des photos de moi avec des personnes que j'avais connues, mais je ne me souvenais même plus de leurs prénoms. À quoi bon garder ce genre de photos ?
- Les nombreuses photos d'un même paysage valent-elles vraiment le coup d'être toutes gardées ?
- Les photos sont là pour nous rappeler des évènements, des personnes, des lieux, mais il faut aussi savoir faire du tri dans nos souvenirs. Parmi les cent photos de vos dernières vacances, pourquoi ne pas choisir les dix ou quinze meilleures ? Sauf si vous aimez passer beaucoup de temps devant vos photos, je pense qu'il vaut mieux n'en avoir que quelques-unes d'un moment, pour n'en garder que le meilleur. D'autre part, les meilleures photos vous rappelleront tout ce que vous avez vécu à ce moment : il n'est donc pas nécessaire de conserver le détail.

Les souvenirs reçus et hérités

Les souvenirs hérités de proches sont la plupart du temps très chargés en émotion, et c'est donc parfois très difficile de s'en séparer. Surtout si le parent en question est décédé.

Je comprends tout à fait qu'on soit attaché/e à ces objets : on matérialise parfois l'amour de nos proches dans des objets. Et il est tout à fait naturel d'en garder avec nous, tant que la quantité est raisonnable. On garde un objet qui vient d'un parent surtout pour sa valeur symbolique. Mais lorsqu'on garde beaucoup d'objets appartenant à ce parent, on peut se sentir lié et alourdi par ce passé très encombrant.

Je commencerais par distinguer les bons souvenirs des mauvais. À quoi bon garder un objet qui vous rappelle de mauvais souvenirs : juste parce qu'il appartenait à un être aimé ? Nous ne devrions garder que les souvenirs heureux. La vie est trop courte pour s'encombrer de mauvais sentiments.

Si vous avez reçu de gros meubles de famille, détachez-vous des sentiments qui y sont rattachés. Regardez-les sous un autre angle. Sont-ils vraiment à votre goût ? Vous sentez-vous incomplet quand vous ne les avez plus ? C'est très bien d'avoir des meubles de famille, mais s'ils ne vous correspondent pas, ne vous sentez pas obligé de les garder. Voyez plutôt s'ils ne plaisent pas à un autre membre de la famille, ou s'ils ne feraient pas le bonheur d'un antiquaire.

Si vous avez reçu des bijoux, qui ne sont pas ou plus à votre goût, reportez-vous au chapitre sur les accessoires. Vous pourriez les réunir pour les faire fondre en un seul bijou qui représenterait tout l'amour de vos proches !

Les souvenirs de nos enfants

Ce qui touche à nos enfants est souvent empreint d'un sentiment heureux et nostalgique.

Pour moi, le plus difficile a été de me séparer des vêtements des premiers mois de mes enfants. Je voulais tant me souvenir de cette période… Mais il n'est pas raisonnable de tout garder, surtout quand on sait qu'on ne veut plus d'enfants !

Certaines personnes arrivent à se séparer de tous ces petits objets. Si, comme moi, vous avez un peu plus de difficulté, je vous conseille de ne garder que le premier pyjama, cela ne prend pas beaucoup de place. Et pour le voir au quotidien, vous pouvez l'encadrer au mur, et en faire une décoration dans la chambre des enfants. Ce sera un souvenir heureux qui ne sera pas enfermé dans un carton, mais bien mis en évidence.

Quant aux travaux artistiques des enfants, surtout en école maternelle, vous pouvez avoir une quantité industrielle de dessins et de peintures en tout genre… Pour garder une trace de ce que vos enfants ont fait à un certain âge, sans vous encombrer, vous pourriez bien sûr les scanner. Mais je trouve que le mieux est de photographier l'auteur de l'œuvre au moment de la production. Cela fait vraiment un excellent souvenir !

Pour chaque enfant, ayez une belle boîte de souvenirs. L'enfant pourra lui aussi gérer les choses qu'il voudra garder. La seule règle est que tout rentre dans la boîte. Si un objet encombrant veut y entrer, d'autres doivent en sortir : la boîte ne doit jamais déborder.

Témoignage de Mélissa, maman de trois enfants

Mon déclic : les blogs

J'ai lu beaucoup de blogs de mamans et de décoration. Et puis, un jour, je suis tombée sur un lien qui a été le déclic, celui de Aemi, le premier blog que j'ai lu sur le minimalisme ! Ensuite, j'ai lu l'ouvrage de Dominique Loreau et ce fut une révélation.

Le désencombrement

Mon mari ne me reconnaissait plus : je faisais des tours et des tours chez Emmaüs, moi qui avais toujours eu tendance à tout garder et étais collectionneuse dans l'âme ! Il a été époustouflé par tous ces changements, mais aussi par l'espace libéré, qu'on redécouvrait enfin !

La découverte du « zéro déchet »

Puis j'ai lu Béa Johnson et nous voilà partis dans l'aventure « zéro déchet » ! On ne m'arrêtait plus. Nous nous sommes mariés en mars 2015, mariage minimaliste : dix-sept invités, une déco simple et pas de chichis. On ne regrette vraiment pas ce moment magique, rempli de bonheur et d'amour. Ce mariage ne nous a pas stressés du tout. Et on a vraiment pu apprécier, car il n'y avait que très peu de préparatifs.

Le résultat

Au quotidien, je suis très satisfaite des effets du minimalisme : gain de temps (rangement, ménage,

cuisine), gain d'espace (les pièces paraissent plus grandes), gain de sérénité (maintenant on sait où sont rangées les choses). Et c'est tellement pratique.
Depuis qu'ils ont moins de jouets, les enfants viennent moins me solliciter : ils ne râlent plus qu'ils s'ennuient et ne savent pas quoi faire !
On part aussi plus souvent en vacances, car on fait moins de shopping et on épargne donc davantage. On voyage léger : souvent, on loue un camping-car. Rien de plus minimaliste que le camping-car ! À part les *tiny-house*, mais on n'a encore jamais testé : c'est en projet !
Pour ce qui est des fêtes, et notamment des anniversaires, on reste dans une démarche minimaliste : on utilise la vaisselle de tous les jours, la même guirlande d'anniversaire à chaque occasion, et on privilégie les « cadeaux à vivre » ou « gros cadeaux communs » plutôt que les gadgets... qui finissent par encombrer puis par se casser.
J'oubliais le dressing : gain de temps le matin pour s'habiller, et à la veille des vacances pour faire les valises ! J'ai composé mon dressing minimaliste après mes grossesses. Durant ces périodes (presque deux ans pour moi), je ne tournais qu'avec deux pantalons, cinq ou six tee-shirts et quelques robes. Et c'était bien suffisant. Mon seul péché mignon anti-minimaliste : les vernis !

5

Désencombrer la maison : l'immatériel

L'ordinateur et le téléphone

Les emails

Que ce soit dans notre boîte personnelle ou dans notre boîte professionnelle, nous recevons beaucoup d'emails. Beaucoup d'informations qui s'immiscent dans notre quotidien pour nous en détourner.

L'email a été pendant longtemps un moyen de communication très prisé. Mais depuis quelques années, il est supplanté par d'autres : les réseaux sociaux et les messageries instantanées qui les accompagnent. Il est si facile, sur ces réseaux, de partager des photos et des documents que les emails, à côté d'eux, font figure de dinosaures.

Bien sûr, nous communiquons toujours par email, mais plus autant qu'avant. Notre messagerie personnelle est devenue le refuge de newsletters auxquels nous nous sommes abonnés/es (ou pas !). Et ce n'est pas sans raison que nous en recevons tant : pour les marques, une adresse email valide est un graal. Elle permet de communiquer directement avec le client.

Si certaines marques sont effectivement les bienvenues dans notre boîte, d'autres nous noient littéralement. Souvent, on ne se souvient même plus à qui on a donné son adresse email… Et par ailleurs, on a souvent plus qu'une seule adresse email personnelle.

Demandez-vous maintenant : combien ai-je d'emails non lus ? De qui proviennent-ils ? Des outils sur internet proposent de vous désabonner facilement de toutes ces newsletters.

Mais si vous voulez le faire à la main, petit à petit, voici ma méthode :

- Chaque jour, je regarde les emails que je reçois. Avant mon désencombrement, je recevais une dizaine d'emails par jour.
- J'évalue mon intérêt pour ces emails, et je me désabonne directement de la newsletter en question si elle me paraît superflue.
- Je fais parfois une recherche sur le nom de l'expéditeur, car les newsletters ne sont pas toujours envoyées d'une même adresse pour la même marque.
- Je supprime tous les emails de cet expéditeur.

Faites attention quand vous supprimez les emails : il ne faudrait pas perdre vos factures ou des emails importants en le faisant.

Cela peut paraître insignifiant, mais une boîte de réception vide rend plus serein : il n'y a aucune information qui attend d'être traitée.

Les fichiers et les dossiers

Parce que leur encombrement ne saute pas aux yeux, nous accumulons parfois les fichiers et les dossiers sur notre ordinateur.

Il s'agit en général de fichiers que nous avons téléchargés et dont nous n'avons plus besoin. Mais nous n'avons pas fait le ménage au bon moment. Alors, quand l'accumulation dépasse un certain seuil, notre ordinateur rame.

Pour alléger votre ordinateur des éléments non utilisés :

- Faites un tour dans votre arborescence de dossiers et triez. Vous seul savez ce qui est encore utile ou non.
- Organisez vos dossiers pour mieux voir leur évolution. Si vous devez faire figurer une date sur un dossier ou un fichier, procédez ainsi : 2016-03-12, pour indiquer la date du 12 mars 2016. Vos dossiers seront présentés dans l'ordre chronologique, car triés automatiquement par l'ordinateur en fonction de ces chiffres.
- Faites également un tri dans les logiciels que vous avez installés. Il y a peut-être là des logiciels que vous n'utilisez plus ou bien des pilotes d'appareils que vous n'avez plus.
- Pour continuer d'alléger votre ordinateur, vérifiez les logiciels qui se lancent lors du démarrage et évaluez leur utilité à ce moment-là.
- Triez les favoris dans votre navigateur internet et videz de temps en temps votre historique.

Il existe des logiciels qui peuvent vous aider à aller plus loin dans le désencombrement de votre ordinateur. Ces logiciels vont s'occuper des fichiers temporaires générés automatiquement ou des programmes malveillants. Les lancer de temps en temps vous permettra de conserver un ordinateur allégé.

Les applications du téléphone

En quelques années, le téléphone est devenu un accessoire des plus communs. Il est bien plus que l'outil qui servait, auparavant, à joindre une personne oralement. Ces dernières années, il est devenu une sorte de mini-ordinateur, mini-console de jeux et mini-télévision. Bref, il est maintenant un outil de divertissement.

Rien qu'en 2016, quatre-vingt-dix milliards de téléchargements d'applications mobiles ont été effectués[1]. Si vous avez un smartphone, savez-vous combien d'applications vous avez ? Et sont-elles toutes vraiment utilisées ?

Cela paraît anodin et pourtant, quand on a un nombre élevé de produits virtuels, comme les applications, cela peut nous encombrer mentalement. Imaginez votre téléphone avec seulement huit ou dix applications, que vous utilisez vraiment, et qui vous apportent quelque chose de particulier au quotidien : que ce soit de l'aide ou du divertissement. Imaginez votre écran d'accueil épuré. On se sent tout de suite mieux non ?

Quand on a les bonnes applications, on n'a plus besoin d'avoir toute une flopée de petits outils : le smartphone peut ainsi remplacer un réveil, une montre, un agenda, un bloc-notes, un appareil-photo compact…

Attention toutefois à ne pas vous laisser envahir par votre smartphone. Limitez au maximum les applications pour lesquelles vous recevez des notifications. Vous n'avez pas besoin d'être tout le temps à jour. Vous ne trouvez pas

---

1. https : //www.appannie.com/fr/insights/market-data/app-annie-2016-retrospective/

un peu stressant ces petites pastilles qui vous rappellent toutes les minutes qu'il y a quelque chose à vérifier ?

L'emploi du temps

Les obligations familiales

Dans un emploi du temps familial, chaque semaine repose sur un rythme établi. Nous avons aussi des obligations plus ponctuelles au fil du mois. Ces activités rythment nos vies et nous avons l'habitude de les effectuer.

Cependant, je vous invite à prendre du recul par rapport à tout ça. Ces activités vous apportent-elles toutes vraiment quelque chose ? Quand on a trop d'activités, cela peut être le signe d'une fuite. On essaye d'occuper tout notre temps libre par ces activités, mais dans quel but ? Pour ne pas rester seul avec soi-même ? Aurions-nous peur de prendre ce temps pour réfléchir à notre vie ?

Revoyez votre emploi du temps. Supprimez les activités qui ne sont pas obligatoires et qui ne contribuent pas vraiment à votre épanouissement. S'il le faut, décommandez les rendez-vous déjà établis, et dites non aux prochaines sollicitations similaires. Comment vous sentez-vous sans ces obligations ?

En tant que parent, il est assez facile de rester tout le temps occupé. On essaie d'être actifs toute la journée. Même la sieste des enfants est une occasion de faire le ménage, de faire une recherche tranquillement sur internet ou d'aller sur les réseaux sociaux. Ce n'est pas évident d'alléger un emploi du temps. Alors, prenez plutôt des rendez-vous avec vous-même ou avec votre famille.

Quand j'étais petite, tous les lundis soir, avec mes parents et mes sœurs, nous nous asseyions dans le séjour, sans télé. Et nous discutions. Sans problème, ni sujet de discussion en particulier. Nous étions juste là pour nous retrouver. Ce sont des moments qui resteront à jamais dans mon cœur.

Les obligations professionnelles

Dans son livre *L'art d'aller à l'essentiel*, Leo Babauta explique comment un journaliste qui ne produit qu'un texte peut être plus performant qu'un autre qui produit trois textes pendant la même période. Le tout est de se concentrer sur ce qui fait vraiment avancer, plutôt que sur la quantité de travail à produire.

On peut appliquer le minimalisme et le désencombrement à nos obligations professionnelles. Bien sûr, l'exemple cité plus haut ne concerne pas tout le monde. Mais nous avons chacun de petites tâches qui peuvent être déléguées, évitées ou juste éliminées. Prenez conscience de ces activités qui vous font juste perdre du temps. Le but est de concentrer son énergie sur ce qui est vraiment important. Les petites distractions et les interruptions en tout genre ne vous aident pas à avancer plus sereinement, alors tarissez la source. Mettez en place des plages horaires dans votre emploi du temps pour cloisonner les activités et pour protéger au maximum votre productivité.

Éliminez ces activités qui ne vous apportent rien. Cela vous rendra plus efficace dans le même laps de temps.

Le ménage

Alléger le ménage, c'est vraiment l'une des principales raisons pour lesquelles je me suis mise au minimalisme.

Je me sentais débordée par toutes ces tâches domestiques. Et puisque le ménage est quelque chose qu'on doit faire, autant le rendre le plus agréable possible.

La première solution est de diminuer la quantité de ménage à faire. Si vous avez moins d'objets chez vous, vous avez moins de choses à astiquer. Et lorsqu'on a moins d'objets, on n'a pas besoin de déplacer beaucoup de choses pour passer l'aspirateur. Le rangement se fait aussi plus rapidement.

Pour la lessive, déterminez une fréquence qui vous arrange : une fois par semaine ? Une fois toutes les deux semaines ? De mon côté, j'ai opté pour une lessive par semaine pour chaque membre de la famille. Les vêtements doivent donc être suffisants pour tenir toute la semaine. Mettre les vêtements dans la machine et les poser sur l'étendoir prend moins de trente minutes. Alors essayez de faire la lessive en semaine, pour être plus libre le week-end.

Pour le repassage, je vous laisse consulter le chapitre sur la course contre la montre. Voyez dans quelle limite vous pouvez vous en passer.

La deuxième solution, c'est de rendre le ménage plus facile. Pour simplifier le passage de l'aspirateur chez moi, j'ai choisi un aspirateur balai sans fil. C'est très maniable et facile à dégainer. Et en plus, ça amuse mon grand, qui passe l'aspirateur juste pour le plaisir !

Sans devenir maniaque, dès que quelque chose se salit, essayez de nettoyer assez vite. Je prends pour exemple le plan de travail dans la cuisine. Si on passe un coup d'éponge juste après de petites projections d'huile ou de sauce, c'est beaucoup plus facile à nettoyer que si on attend la fin de la journée pour le faire. Les projections seront alors devenues dures et collantes.

La troisième solution, c'est de changer d'état d'esprit par rapport au ménage. Carrément ! Dans son livre *Faire le ménage chez soi, faire le ménage en soi*, Dominique Loreau explique que les Japonais ne considèrent pas le ménage comme une corvée. Il leur est donc inconcevable de le déléguer à un étranger. Beaucoup d'entre eux éprouvent le besoin de faire le ménage eux-mêmes : c'est un moment pour se reconnecter à soi-même et, en même temps qu'ils dépoussièrent leurs meubles, ils dépoussièrent leur esprit.

Les relations

Les relations en général

Quand on applique le minimalisme dans sa vie, très vite, on s'aperçoit qu'on peut aussi le mettre en œuvre dans nos relations avec les autres. À moins d'être complètement isolés, nous avons tous dans notre entourage proche et moins proche des personnalités diverses et variées. Que ce soit la famille, les amis, les collègues, l'instituteur/trice, l'épicier, les voisins, nous sommes entourés de personnes avec qui nous avons établi une certaine relation.

Dans le champ des relations, « minimalisme » ne veut pas dire « couper les ponts avec tout le monde ». Bien sûr que non ! Mais il s'agit, encore et toujours, de garder ce qui est vraiment essentiel : ces relations qui nourrissent notre quotidien et notre bonne humeur.

Faites un tour dans votre répertoire et dans vos emails. Contactez-vous vraiment chacune des personnes qui s'y trouvent ? Pourquoi garder dans votre répertoire le numéro de votre ancien chef, que vous ne rappellerez plus jamais ? Et ces personnes contactées uniquement pour un projet, fini depuis longtemps ?

Nous avons bien sûr des amis éloignés géographiquement, avec qui nous ne communiquons pas tous les jours, mais qui restent finalement dans « notre essentiel ». Car même si on ne leur parle qu'une fois par an, cela nous fait du bien.

Allégez donc votre répertoire. Vous vous sentirez plus léger, délesté de ces nombreux numéros inutiles, et vous aurez plus d'énergie pour les contacts qui y restent.

Les relations toxiques

Déterminer si une relation est toxique n'est vraiment pas évident au premier abord. Il est parfois difficile de savoir si la relation qu'on entretient avec une personne est bonne pour nous ou pas. Une relation toxique, c'est une relation qui nous complique la vie. C'est une relation qui va nuire à notre bien-être. Cela n'est pas compatible avec le minimalisme, qui nous incite à garder seulement les relations essentielles.

Une relation peut être plus ou moins toxique. Selon son degré de toxicité, vous prendrez des mesures différentes. Car il est possible de garder ces relations tout en leur résistant, comme il est possible de couper court à la relation. Tout dépend de vous.

Comme pour les objets, essayez de reconsidérer vos relations avec les autres. Pourquoi garder le contact avec une personne qui vous fait continuellement du mal, même si elle est de votre famille proche ? Pourquoi continuer à fréquenter ce/tte collègue dont les propos vous heurtent à chaque fois ? Pourquoi faire des efforts pour un voisin qui ne vous rend pas la pareille quand vous en avez besoin ?

Puisque notre temps sur terre est compté, il faut nous occuper de notre bien-être et chérir les personnes qui nous rendent heureux.

Les relations virtuelles

Les réseaux sociaux sont entrés dans les mœurs. Un petit coup d'œil à notre fil d'actualité permet d'avoir des nouvelles de notre famille et de nos amis, même s'ils vivent à des milliers de kilomètres de chez nous. Nous y retrouvons aussi les amis d'enfance, perdus de vue depuis un moment, mais retrouvés, comme par magie, sur le réseau. On y verra enfin cet ancien collègue, qui raconte tous les voyages qu'il fait... Et puis, grâce au réseau, nous nous faisons de nouvelles connaissances. Notre liste d'« amis » peut donc être conséquente, sans que nos relations aillent plus loin que les « like » de publications.

Des chercheurs de l'université de Pittsburgh aux États-Unis ont fait une étude qui montre le lien entre la fréquence d'utilisation des réseaux sociaux et la dépression : les personnes qui y passent beaucoup de temps ont 2,7 fois plus de chance d'être atteintes de dépression[1].

Ces contacts ne nous veulent donc pas que du bien. Il faut faire attention à nos émotions devant un fil d'actualité.

Cependant, je voudrais nuancer ce propos, car internet nous connecte aussi à des personnes avec qui nous avons de réelles affinités, même si nous sommes éloignés d'elles

1. https : //www.ncbi.nlm.nih.gov/pubmed/26783723.

géographiquement. Or, les personnes géographiquement proches ne partagent pas toujours nos centres d'intérêt.

Désencombrer les réseaux sociaux revient donc à :

- trier les « amis » virtuels,
- trier les groupes dans lesquels nous sommes, et se désinscrire de certains,
- ne plus suivre certaines marques dont l'actualité ne nous intéresse pas,
- ne plus être abonné/e aux publications d'un/e « ami/e »,
- supprimer les notifications intempestives qui ne nous intéressent plus.

Si vous souhaitez aller plus loin sur le minimalisme appliqué à la vie de famille, allez sur la page privée dédiée aux lecteurs de ce livre :

http : //www.mamanminimaliste.fr/lecteurs/

Partie IV

LA VIE AU QUOTIDIEN D'UNE FAMILLE MINIMALISTE

1

Limiter le flux entrant

Pour ne plus vous retrouver dans une situation d'encombrement, il faudra remettre en question l'entrée des objets chez vous, mais aussi des activités dans votre emploi du temps et de vos relations dans votre quotidien.

Sur le plan matériel, pour ne pas avoir à désencombrer tous les six mois, il faut s'occuper du problème à la source, en limitant le nombre d'objets entrants. Bien sûr, ce flux ne peut pas être réduit à néant, mais nous pouvons agir afin que moins d'objets inutiles passent notre porte. La première étape est de se connaître soi-même : sachez quels objets vous sont utiles au quotidien.

Mieux se connaître

Connaître nos points faibles et y faire face

Le meilleur moyen de combattre l'ennemi est de bien le connaître. Considérer ainsi vos achats, cela peut paraître excessif. Mais combien de personnes s'endettent tous les jours parce qu'elles ne peuvent pas s'offrir tout de suite ce qu'elles veulent ? Et ces histoires d'endettement sont très fréquentes… Pourtant, ne vivons-nous pas dans un pays où l'on possède beaucoup plus que le minimum requis pour bien vivre ?

J'ai donc essayé de déterminer les raisons qui nous poussent à acheter compulsivement.

1. Voir des publicités

La principale raison qui nous pousse à acheter, c'est la publicité. Nous ne pouvons pas avoir envie d'acheter ce que nous ne connaissons pas. Mais à moins de vivre dans une campagne reculée, sans télévision, ni connexion internet, nous ne pouvons que difficilement échapper aux publicités : dans les magazines, sur les affiches dans les rues, dans les couloirs du métro, à la télévision, sur internet…

Comment y faire face ? Une seule solution : diminuer notre exposition à la publicité. Pour ma part, je regarde beaucoup moins la télévision et je n'achète plus de magazines quand je prends les transports. Économie assurée, et je n'en suis pas moins heureuse.

2. Pouvoir acheter

Ayant été une étudiante fauchée, j'ai vécu un sentiment de satisfaction intense, quand ayant enfin un travail, je pouvais acheter beaucoup plus qu'avant. C'est un sentiment qui, globalement, n'a pas grand-chose à voir avec ce qui est acheté : ce qui est grisant, c'est seulement le pouvoir d'achat.

Comment y faire face ? Se demander si l'achat est vraiment une nécessité et imaginer l'objet prendre sa place chez nous. Pensez seulement que vous ne trouverez pas de place à l'objet, qu'il rejoindra un tas d'autres du même genre ; cela pourra vous aider à refréner une envie d'achat.

3. Se comparer avec les autres

Combien de fois avons-nous voulu acheter quelque chose parce que nous l'avions vu chez quelqu'un d'autre ? Nous pensons que ce serait génial si nous avions aussi cet objet… Sans entrer dans la notion de compétition et de course à la possession, on peut dire que ce réflexe est très fréquent, surtout si nos amis et connaissances regardent beaucoup de publicités.

Comment y faire face ? Il faut relativiser le besoin/ l'envie et se dire que ce qui est utile chez les autres ne l'est pas forcément chez nous. Peu importe que l'objet ait été recommandé par un ami. Il faut toujours réfléchir à ce dont nous avons besoin pour nous-même, au lieu de foncer tête baissée dans un achat.

4. Estimer que c'est une « bonne affaire »

Cette expression ressort surtout pendant les périodes de soldes et de promotions. Parfois, nous achetons quelque chose car ce n'est effectivement pas cher, mais en a-t-on vraiment besoin ?

Comment y faire face ? Posons-nous la question : est-ce que je l'aurais acheté, même sans la réduction ? Si la réponse est non, passons notre chemin.

5. Profiter d'une promesse : « vous allez économiser 80 €… en l'achetant »

Ce genre de formule est très habile. Elle nous fait croire que nous allons gagner 80 €, alors qu'au final, nous vidons une partie de nos poches pour acheter un objet. C'est tout. Nous économisons réellement s'il s'agit d'un achat que nous devions faire de toute façon. En gros, nous économisons s'il y a une coïncidence entre notre volonté d'achat et la réduction du prix. Nous n'économisons rien si l'achat est irréfléchi ; au contraire, nous perdons de l'argent.

Comment y faire face ? Savoir ce qui nous manque à la maison et s'en tenir à notre liste. Mais il peut aussi s'agir d'un objet hors liste que nous sommes sûrs de vouloir et que nous ne pouvions pas acheter plein pot. Dans ce dernier cas, à vous de voir.

6. Profiter d'un crédit à la consommation

Tout, ou presque, peut s'acheter à crédit maintenant. Même un blouson en cuir. Tout est bon pour nous faire acheter tout de suite, surtout si on n'en a pas réellement besoin (je ne parle pas, évidemment, des crédits immobiliers).

Comment y faire face ? Essayez d'économiser de l'argent avant d'acheter quelque chose. La plupart du temps, l'envie d'acquérir l'objet passe, mais si elle subsiste, vous aurez au moins évité les frais du crédit.

J'étais une acheteuse compulsive avant. Je retrouvais donc, des mois ou des années plus tard, des vêtements qui avaient encore leurs étiquettes. C'est vraiment le genre d'achat qui ne nous apporte rien : perte de temps, d'argent…

Faire des listes

Et si nous prenions le temps de mieux nous connaître afin d'éviter les achats coups de cœur qui ne nous correspondent finalement pas ?

La liste de nos essentiels

Emportés dans le tourbillon de la vie, nous oublions parfois ce qui est vraiment important.

Voici une liste d'essentiels que chacun pourrait avoir, soulignez ceux qui importent le plus pour vous :

- Les enfants
- Le couple
- Les parents
- La famille en général
- Les amis
- Le travail
- Votre passe-temps favori
- Votre entreprise
- Un projet personnel
- Un projet créatif
- Les voyages
- Les sorties culturelles
- Le bénévolat
- Une association

Cette liste n'est évidemment pas exhaustive, et vous pouvez la prolonger avec vos essentiels. L'important est que vous établissiez la liste de ce qui compte vraiment pour vous.

La liste de nos activités préférées

À partir de la liste des essentiels que vous avez déterminés, faites la liste des activités que vous aimez vraiment faire. Par exemple, si vous avez des enfants, vous aimez peut-être faire une activité particulière avec eux, comme jouer aux jeux de société. Si vous avez un projet créatif dans vos essentiels, listez les activités qui vous plaisent dans ce projet.

L'objectif de cette liste est d'identifier les activités que vous aimez vraiment, sans contrainte de temps. Connaître les activités qui nous font vraiment vibrer nous permet de leur donner une place de choix notre emploi du temps (qu'on aura au préalable désencombré des activités qui ne nous apportent rien), et donc d'ajouter plus de bonheur au quotidien.

Parfois, à la fin de l'année, on fait un petit bilan de ce qu'on a vécu et l'on se rend compte qu'on n'a pas consacré assez de temps à ce qu'on aime vraiment. Que tout n'a été que contraintes et obligations. Autorisons-nous plus de bouffées d'air frais, en éliminant les autres activités.

La liste des objets indispensables

Les minimalistes « extrêmes » utilisent la liste de leurs objets pour montrer qu'on a vraiment besoin de peu pour vivre. Je trouve cette liste amusante à mettre en place, car elle nous permet d'identifier ce dont nous, nous avons vraiment besoin. Et pourquoi ne pas pousser l'idée de liste minimaliste un peu plus loin ? Ajoutons dans la liste que nous aimons et/ou que nous rêverions d'avoir ?

Prenons un exemple, pour dormir, je mettrais dans ma liste :

- un bon sommier
- un matelas à mémoire de forme
- un oreiller
- une couette
- deux sets de lit blanc en satin de coton

Je vous conseille de mettre le plus de détails possibles. Si vous achetez ces objets, cela vous permettra de ne pas vous écarter de ce que vous vouliez vraiment. En déterminant vos goûts pour chaque chose, il y aura moins de risques que vous regrettiez un achat par la suite.

Si pour le moment, votre principal problème est de vous désencombrer, alors la liste vous servira à diminuer vos possessions. Il faudra « coller » le plus possible aux objets présents sur la liste.

Et quand vous aurez moins d'objets chez vous, le jour où il faudra les remplacer, cette liste vous aidera. Quel plaisir de s'endormir tous les soirs dans un lit qui valide tous vos critères de confort !

Attention tout de même à ne pas trop vous focaliser, de nouveau, sur ce matériel. Utiliser ce qu'on a déjà prend du temps, et le but n'est pas de se débarrasser de tout en achetant du neuf tout d'un coup.

Exercice : mettre en place : réfléchir aux habitudes qui font acheter n'importe quoi et proposer des alternatives

Votre réaction

Le but de ce chapitre est de mieux se connaître pour mieux faire nos choix dans l'avenir. Se connaître n'est pas toujours évident. Nous vivons parfois au gré des vagues, suivant les tendances, les habitudes. Mais qu'en pensons-nous vraiment ?

Faire le bilan

Et si nous réfléchissions à nos habitudes ? Correspondent-elles vraiment à nos goûts ou sont-elles juste le fruit d'une incitation extérieure ?

Sommes-nous capables de reconnaître ce que nous aimons vraiment, sans céder aux sirènes de la mode ? C'est bizarre comme les choses ne nous attirent plus quand elles sont « démodées ».

En pratique

Demandez-vous pourquoi vous avez effectué certains achats, que vous avez regrettés par la suite. Combattons toutes ces tentations :

- Limitons notre exposition aux publicités de la télévision, de la radio, des magazines…
- Mettons un autocollant « Stop Pub » sur notre boîte aux lettres.
- Désabonnons-nous des catalogues et des newsletters e-commerces.

Si nous avons très bien fonctionné avec ce que nous avons eu jusqu'ici, nous n'aurons sûrement pas besoin de ce que les pubs nous font miroiter.

À essayer

Certaines personnes arrivent à vivre sans télévision. Cela limite grandement leur exposition à la publicité.

Pour regarder les émissions, elles utilisent le « replay » et peuvent choisir les émissions elles-mêmes.

Personnellement, je n'ai pas encore réussi à me séparer de la télé. Mais nous regardons de plus en plus d'émissions à la demande. Cela nous évite de perdre du temps devant d'innombrables spots de pub, et de nous laisser tenter.

2

Interdire l'entrée de certains objets

Changer ses habitudes

En apprenant à dire « non »

Les objets que nous avons chez nous ne sont pas tous le fruit de nos achats. Ils entrent par une voie un peu plus difficile à contrôler : les cadeaux et les dons.

Aux anniversaires, ainsi qu'aux petits évènements qui jalonnent notre vie, nos proches, prévenants, offrent des cadeaux ou de petites attentions matérielles. Or, l'expression « c'est l'intention qui compte » prend une toute une nouvelle dimension quand on décide de diminuer ses possessions matérielles. Il faut savoir alors détacher l'intention de la personne à notre égard de l'objet lui-même. Nous pouvons être touchés par l'intention de celui/celle qui offre et ne pas être enthousiastes face à l'objet. C'est humain.

Un objet, même offert, peut devenir un fardeau pour son nouveau propriétaire : son utilisation (le vêtement qu'on se sent obligé de porter, par exemple), son entretien, son stockage, les réparations dont il a besoin, tout cela peut nous peser…

Dans la vie, depuis tout petit, on nous apprend à dire « merci » quand on reçoit quelque chose. Mais on ne nous apprend pas à refuser poliment, à dire « non merci ». Il ne faut pas froisser les gens, ne pas mettre de la gêne dans notre relation. Mais avant d'accepter un nouvel objet dans notre vie, évaluons bien ses coûts cachés. Il se peut que le cadeau ne soit pas aussi beau qu'il y paraît…

Apprendre à dire non, c'est le premier pas vers la liberté. C'est aussi un premier pas vers l'affirmation de soi. Si vous ne voulez plus recevoir d'objets qui ne vous correspondent pas, parlez de votre cheminement à votre entourage. Dites sincèrement que vous n'avez plus de place pour davantage d'objets et que vous préférez les expériences. Si le vrai but de vos proches est de vous faire plaisir, le message passera très bien.

En apprenant à différencier les envies des besoins

Avec toutes les publicités qui nous entourent, il peut nous arriver de confondre nos envies de nos vrais besoins. Et c'est quand nous succombons trop souvent à nos envies que les objets inutiles finissent par nous submerger.

Le dernier gadget à la mode incarne-t-il un vrai besoin ? Apportera-t-il plus de valeur à votre existence ? Ou avez-vous seulement envie de vous amuser quelques jours ou quelques mois ? Une envie qui va être très vite estompée par le successeur de l'objet en question…

Gardez votre argent pour quelque chose qui en vaut vraiment la peine.

Pour différencier les envies des besoins, il faut avoir un certain recul par rapport à nos achats. Si vous n'achetez pas cet objet, manquera-t-il quelque chose à votre vie, cessera-t-elle de fonctionner normalement ?

Sans les objets dont nous avons vraiment besoin, notre vie ne se déroule pas normalement. Prenons l'exemple du savon, qui est un vrai besoin. Si nous n'avons pas de savon, comment ferons-nous pour nous laver ? Par contre, avons-nous besoin d'un ustensile spécial pour couper la charcuterie, dans notre vie quotidienne ? Je ne crois pas. Je comprends qu'il y ait un certain plaisir à utiliser cet objet plutôt qu'un simple couteau. Mais justement, c'est en suivant tous nos petits plaisirs que notre maison se retrouve remplie d'objets en tout genre.

Les publicités nous montrent quantité d'objets dont nous aurions « besoin », avec lesquels nous serions plus heureux. Mais c'est une illusion. Si vous n'aviez pas vu l'objet en question, vous vivriez quand même normalement.

Il s'agit donc de prendre un vrai recul sur les messages que notre société véhicule. Les envies sont créées par des messages extérieurs, alors que les besoins peuvent être déterminés sans ces messages.

En valorisant ce qu'on a déjà chez soi

Au moment d'acquérir ou de recevoir un nouvel objet, pensez tout d'abord à ce que vous avez déjà. Souvent, nous pouvons nous débrouiller avec ce que nous avons déjà à la maison. Un ustensile spécial vous fait de l'œil en magasin ? Cherchez plutôt lequel, parmi vos ustensiles, pourrait faire le travail. Rappelez-vous que vous vivez mieux avec des placards plus aérés. Et ne laissez pas le plaisir éphémère de l'achat gâcher ce bien-être.

Il m'est déjà arrivé de vouloir un foulard d'une certaine couleur, dans une certaine matière. J'avais déjà parcouru les magasins à la recherche de ce fameux foulard, mais j'étais rentrée bredouille. Quelle ne fut pas ma surprise quand je vis, une fois rentrée à la maison, que j'en possédais déjà un, exactement dans cette couleur et cette matière. Je l'avais reçu en cadeau, quelques années plus tôt, et oublié.

Avec un peu de chance, votre entourage vous demande votre avis avant de vous offrir quelque chose. Si vous avez déjà un objet qui peut remplir la fonction du cadeau proposé, expliquez-le à vos proches. Dites-leur que ce serait un gaspillage d'argent que de vous offrir le cadeau en question. Selon votre interlocuteur, cette réponse peut être plus ou moins bien comprise. Mais si cette personne a vu que vous en avez bavé pour désencombrer votre maison, elle comprendra !

Établir de nouvelles règles de consommation

Un entré, un sorti

Si le minimalisme vous séduit, que vous avez désencombré votre maison, et que vous ne souhaitez plus vous réencombrer, commencez à penser différemment dès aujourd'hui.

Établissez de nouvelles règles de consommation. Une astuce facilement applicable est celle du : « une entrée, une sortie ». C'est-à-dire que, pour chaque objet qui entre chez vous, un autre doit impérativement sortir. Ce système va équilibrer le flux d'entrée et de sortie des objets, et vous ne réencombrerez donc pas votre maison.

Quand vous vous trouvez dans un magasin, devant un tapis de bain que vous voulez acheter, demandez-vous si vous en avez un autre dont vous pouvez vous débarrasser. Attention, se débarrasser ne signifie pas toujours mettre à la poubelle. Au lieu d'avoir deux objets qui ont la même fonction, vous pourriez offrir l'un d'entre eux à quelqu'un qui en a besoin et qui n'en a pas. Ainsi vous garderez toujours un nombre d'objets « raisonnable » chez vous et ne serez plus importunés par une possession excessive.

Cette règle vous permettra également d'améliorer vos possessions. Ainsi, si vous faites entrer un nouveau jean dans votre garde-robe, sortez celui que vous aimez le moins. Ainsi, petit à petit, vous aurez des possessions que vous aimez davantage, sans vous encombrer plus.

Choisir des produits multifonctions

Pour diminuer drastiquement le nombre d'objets chez vous, ayez des objets multifonctions. Il est clair que si nous avions des objets à usage unique pour tout, nous n'aurions jamais fini d'acheter.

L'arrivée d'un objet multifonction dans une maison permet d'en sortir plusieurs au même moment.

- Pour l'acquisition d'un savon de Marseille, vous éviterez l'achat d'un gel douche, d'un shampooing, d'un liquide vaisselle et d'un détachant pour les textiles.
- Pour l'acquisition d'une bouteille de vinaigre blanc, vous éviterez l'achat d'un détartrant, d'un adoucissant pour le linge et d'un après-shampooing.

- Pour l'acquisition d'un smartphone, vous pourrez vous débarrasser de votre agenda, de votre carnet de note, d'un petit appareil photo, d'un scanner, d'une montre, d'un réveil.

Au lieu, donc, d'acheter un objet spécifique pour un usage unique, cherchez un objet qui peut remplir plusieurs fonctions.

Tant que vous y êtes, essayez d'avoir des objets compacts et non encombrants. Si vous n'utilisez votre ordinateur de bureau que de façon limitée, pourquoi ne pas prendre un ordinateur portable, qui n'aurait pas besoin du support d'un meuble ? Ce dernier pourrait être déplacé partout et se ranger dans un tiroir, à l'abri des regards.

L'objet minimaliste par excellence serait un objet multifonction qui ne prend pas trop de place. Le smartphone en est un bon exemple.

En trouvant des alternatives à l'achat et à l'acquisition

Avec l'économie collaborative, qui est en pleine expansion, l'achat ne devrait plus être notre premier réflexe. Lorsque nous avons besoin de quelque chose, il existe bien d'autres possibilités, moins chères et moins encombrantes.

Faire soi-même avec ce qu'on a

Le DIY (*Do it yourself*) est très à la mode en ce moment. Il y a beaucoup de sites sur le sujet qui montrent, grâce à des tutoriels, comment fabriquer certains objets de notre quotidien : mobilier, produits cosmétiques, produits d'entretien, etc. Et nous sommes toujours un peu plus fier/ères d'un objet que nous avons fait nous-même.

Quelques sites DIY proposant des tutoriels :

- www.lafabriquediy.com
- www.moijefais.com
- www.lemeilleurdudiy.com

Emprunter

Une initiative qui mérite d'être connue : l'association Pumpipumpe souhaite favoriser, entre voisins, l'emprunt d'objets que l'on utilise rarement. Le principe est de mettre sur sa boîte aux lettres des autocollants représentant les appareils que l'on veut bien prêter aux autres. Cette initiative permet, en plus, de faire connaissance avec les personnes qui habitent autour de chez nous. Ce qui n'est parfois pas évident.

Échanger

Pour éviter d'acheter un objet particulier, pourquoi ne pas troquer un objet dont vous n'avez plus besoin ? Des sites comme www.gchangetout.com ou lecomptoirdutroc.fr permettent de mettre des annonces de trocs, en indiquant ce dont on souhaite se séparer et ce que l'on voudrait avoir en échange.

On peut également participer à des « troc party », à un vide-dressing entre amis ou en organiser soi-même.

Louer

Si un objet n'est utile qu'une fois par an ou même moins, pourquoi dépenser de l'argent pour l'avoir et le stocker ? Une location est beaucoup plus confortable. Il y a plusieurs avantages à la location : nous n'avons pas besoin de trouver un endroit pour ranger l'objet après utilisation, nous n'avons pas besoin d'entretenir ce dernier, et nous sommes libres de changer de marque ou de modèle.

Les sites pour louer : e-loue, zilok, placedelaloc…

Exercice : mettre en place : repérer les principales entrées d'objets dans la famille et trouver des solutions

Votre réaction

Vivre de manière minimaliste entraîne de vrais changements dans nos comportements de tous les jours. Pensez-vous être capable de limiter le flux entrant des objets chez vous ?

Faire le bilan

Pour savoir d'où viennent les objets qui sont entrés chez vous, analysez un peu ce que vous voyez autour de vous et réfléchissez à la personnalité de chacun des membres de votre famille. Par quels moyens ces objets, finalement inutiles, arrivent-ils chez vous ? Serait-il possible de leur interdire l'entrée ?

En pratique

Listez les principales entrées d'objets chez vous, et essayez de trouver des alternatives. Exemple :

- Le courrier : à numériser.
- Les cadeaux : apprendre à les refuser, faire une liste de vrais besoins, faire une liste de cadeaux immatériels désirés, parler directement aux personnes concernées de votre démarche

- Les achats coups de cœur : trouver une activité à la place du shopping (balade en forêt, pique-nique au parc, bricolage...)

À essayer

Faites-en un exercice en famille. Si vous avez besoin de quelque chose, défiez votre famille de trouver une alternative à l'achat. Les enfants peuvent être amusés par le côté défi, et l'aspect financier plaira aux adultes.

Fabriquer quelque chose ensemble, pour faire un cadeau, peut même devenir une activité de partage entre parents et enfants. Il n'y aura donc que des avantages à ce choix, si l'on a pas besoin de l'objet en question dans l'urgence. Essayez alors d'anticiper un minimum les besoins.

3

Préférer la qualité à la quantité

Même lorsqu'on a diminué le nombre de nos possessions, on passe un certain temps à entretenir ce qu'il reste. Les réparations, par exemple, peuvent prendre du temps. Alors, pour ne pas passer votre temps à entretenir vos objets, investissez dans la qualité.

Un objet de bonne qualité se cassera moins facilement, ne se déréglera pas au moindre choc et demandera donc moins d'attention.

Bien choisir nos possessions

Éviter les objets de basse qualité

Quand nous devons acheter quelque chose, nous nous retrouvons parfois face à une multitude de choix et de modèles. Il y a parfois un écart énorme entre le premier et le dernier prix d'un même appareil.

Par souci d'économie, nous pouvons être attirés par le prix le plus bas. Nous pensons parfois faire une bonne affaire. Mais ce n'est malheureusement pas le cas la plupart du temps.

Le prix des objets est, généralement, basé sur la qualité des composants qui le constituent. Pour certains néanmoins (et c'est là que le choix devient compliqué), il y a aussi le prix du marketing qui intervient. Les objets fabriqués avec des composants de basse qualité sont en général plus fragiles. Dis comme ça, les choses paraissent évidentes. Cependant, devant le prix d'un appareil de qualité, nous sommes souvent tenté/e d'acheter un objet moins cher. Souvenez-vous de ce proverbe créole qui résume bien la situation : « *Bon maché kouté chè.* » (Bon marché coûte cher). Un objet de moindre qualité vous fera perdre du temps en réparation par rapport à un autre. Il se cassera ou se déchirera plus facilement. De plus, parfois, il n'est pas possible de réparer les objets premiers prix. Il est plus avantageux d'acheter de nouveau le même objet. Au final, on perd plus d'argent à acheter moins cher. Privilégiez les objets un peu plus chers, mais reconnus pour leur qualité.

Mais il faut aussi se limiter dans l'autre sens. Ne cherchez pas absolument à acheter le nec plus ultra à chaque fois (et donc le plus cher aussi…), mais soyez conscient de ce qui correspond le plus à vos besoins et faites l'achat en conséquence.

Ne pas acheter à bas prix en attendant la qualité

Nous avons vu qu'il fallait éviter d'acheter des objets de moins bonne qualité. Mais on est parfois tenté de le faire en attendant d'avoir les moyens pour acquérir de la qualité. À moins que vous en ayez besoin en urgence, je vous déconseille de choisir cette solution.

Voici quelques raisons pour lesquelles cela n'est pas une bonne idée :

- Parce que votre budget pour l'objet de bonne qualité va diminuer si vous mettez déjà votre argent dans celui qui est moins cher.
- Parce que pour comprendre son utilisation, lire le mode d'emploi, vous allez prendre du temps. Un temps perdu pour d'autres choses, plus utiles et plus agréables.
- Parce qu'on a moins de plaisir à utiliser un objet qui n'est pas de bonne qualité quand on sait qu'on peut en avoir un meilleur plus tard.
- Parce qu'il faudra trouver une solution pour vous débarrasser de cet objet le jour où vous aurez acquis l'objet de meilleure qualité. Le nombre d'objets de la classe « désencombrer » aura donc augmenté.
- Parce qu'avec cet achat, vous encouragez la production d'objets de moins bonne qualité. Si plus personne n'achète ces objets, il n'y en aura plus. C'est un peu utopique, je sais, mais si nous nous mettons tous à n'acheter que des produits de bonne qualité, les industriels n'auront plus le choix et devront produire uniquement des objets de qualité. Bien sûr, c'est un peu plus difficile que ça dans la vie réelle, mais essayons d'encourager au maximum les produits de valeur.

Pour toutes ces raisons, autant que possible, il vaut mieux ne pas acheter un objet de moindre qualité en attendant d'avoir les moyens d'acheter mieux. Nous perdrons moins de temps et moins d'argent.

Prendre le goût d'attendre avant d'acheter

Une caractéristique de notre époque est de « vouloir tout, tout de suite ». C'est pour cette raison que les crédits à la consommation ont encore de beaux jours devant eux. Nous sommes d'abord submergés d'envies, à cause des publicités, puis on nous donne la possibilité de les financer en un claquement de doigts, à coups de crédits.

Mais ces crédits ne sont évidemment pas gratuits. Le fait de vouloir « tout, tout de suite », en recourant au crédit, nous fait perdre un peu plus d'argent qu'en achetant directement l'objet.

Et si nous prenions notre temps avant d'acheter ? Si nous prenions le temps d'économiser, avant de nous rendre dans le magasin pour acheter l'objet tant convoité ?

Il y a un réel plaisir dans le fait d'attendre avant d'acheter quelque chose. Tout d'abord, cela nous renforce dans l'idée que l'objet va vraiment nous apporter quelque chose de plus, ce ne sera pas juste une envie passagère. Mais aussi, vous souvenez-vous de l'attente de votre anniversaire ou de l'attente du jour de Noël quand vous étiez petit ? Il y avait toute une excitation dans cette attente, que nous ne connaissons malheureusement plus.

Ne vous laissez pas berner par toutes ces facilités d'achat. Prenez le temps de bien choisir vos possessions. Choisissez bien le modèle qui vous correspond le plus, analysez les choix, voyez les différentes couleurs, le design qui vous attire le plus... Mettez de l'évènement dans cet achat : vous en serez plus content et vous utiliserez davantage l'objet en question, car il aura été acheté après mûre réflexion.

Témoignage de Lova, maman d'un enfant

Le déclic du minimalisme m'est venu en lisant *L'art de l'essentiel* de Dominique Loreau, vivement conseillé par ma cousine. Ce livre m'a ouvert les yeux sur ma façon de consommer.

J'adore faire les magasins, acheter tout et rien. Et ce qui est triste, c'est que je regrette souvent mes achats. Je n'ai pas beaucoup de moyens, je ne travaille pas. C'est le salaire de mon mari qui subvient à nos besoins. J'achetais des vêtements bon marché. Une ou plusieurs fois, j'ai fait l'inventaire de mon armoire. En voyant le nombre de tee-shirts ou de hauts dont les coutures se défaisaient, j'ai été très déçue. Avec le peu de moyens que j'ai, c'est tout simplement de l'argent jeté par la fenêtre.

Puis j'ai fait mes premiers pas vers le minimalisme. Désormais, je choisis la qualité et non la quantité, et pas seulement pour les vêtements. J'aime toujours faire les magasins, mais j'en ressors la plupart du temps les mains vides.

On m'a souvent fait la réflexion que le minimalisme, c'est du snobisme. Je ne suis pas de cet avis. Je le conseille au contraire aux gens qui n'ont pas beaucoup de moyens. On consomme plus sagement.

Je suis descendue à la cave cette semaine, et j'ai découvert une cave vide. Un ou deux cartons au plus, car nous ne possédons pas grand-chose. Juste l'essentiel qui nous rend heureux !

Les objets de qualité

Les objets garantis à vie

Ils ne courent pas les rues et pourtant ils existent bel et bien. Oui, il y a des objets qui sont garantis à vie. Quand un objet est garanti à vie, nous sommes plus sûrs de sa qualité. Quel fournisseur serait capable de mettre une garantie à vie sur un objet, s'il n'était pas sûr de sa qualité ?

Si l'on ne veut pas racheter des objets qui s'usent facilement, pourquoi pas ne pas investir dans les objets garantis à vie ? Je dis bien « investir », car souvent, ce genre d'objets coûte beaucoup plus cher que les autres objets du même type. Mais ça en vaut la peine, non ?

Voici une petite liste d'objets garantis à vie :

- Les cocottes et poêles Staub
- Le moteur du mixeur plongeant Bamix
- L'éminceur Rösle
- Les ciseaux Titane Scotch
- Le coffret d'outils Schill
- Les sous-vêtements Sloggi
- La veste en cuir Noble House
- Les sacs à main Zatchels
- Les sacs Case4Life

Il existe plusieurs sortes de garanties à vie. Alors je vous invite à bien lire les règles de la garantie avant d'acheter, afin d'être sûr de pouvoir les appliquer.

L'éthique des objets

Dans notre frénésie de consommation, il ne nous vient pas toujours à l'esprit de vérifier la provenance des objets que nous achetons. L'envie d'acheter est plus forte que tout : nous ne pensons qu'à l'objet lui-même et à notre joie de l'avoir parmi notre « collection » de possessions.

Tant qu'à acheter des objets qui feront partie de notre quotidien, choisissons des objets produits respectueusement. Sans compter que, quand on a moins d'objets, on se souvient de tous, et on peut avoir une histoire à raconter pour chacun d'eux. Pensez à l'éthique de la fabrication des objets. Quelles ont été les étapes de leur fabrication ? Cette fabrication correspond-t-elle à vos valeurs ? Certains objets produits loin de chez nous impliquent le travail d'enfants ou l'exploitation de personnes dans de très mauvaises conditions. La production de certains objets nuit aussi à l'environnement, par l'utilisation excessive des ressources du sol. Sans parler des produits toxiques qui sont reversés dans la mer.

Mais bien consommer, c'est parfois un parcours du combattant. Nous ne sommes pas toujours sûrs de ce qui se passe vraiment derrière chaque objet.

Pour limiter la casse, essayons d'acheter, autant que possible, des produits locaux. Nous serons un peu plus sûr des conditions de fabrication si nous achetons chez l'artisan du coin. Bien sûr, cela n'est pas possible pour tous les objets du quotidien, mais chaque petit pas compte. C'est la progression qui importe, pas la perfection.

Exercice : mettre en place : remplacer les objets de mauvaise qualité par des objets de bonne qualité

Votre réaction

Ce chapitre porte sur un sujet central dans le minimalisme : il s'agit de prendre en compte la beauté et la qualité des choses. Ce sujet correspond-il à votre mode de vie ? Utiliser un objet d'une certaine beauté, cela compte-t-il pour vous ?

Faire le bilan

Observez les objets qui vous entourent : êtes-vous content de les avoir ? Si vous répondez tout de suite « non » pour certains objets, demandez-vous pourquoi ils font partie de votre vie. Valent-ils vraiment la peine qu'on s'en occupe ?

En pratique

Débarrassez-vous des objets dépareillés, sans aucun charme et inutiles. Et à chaque fois que vous devez remplacer quelque chose chez vous, prenez en compte, autant que possible, le critère de la beauté et de l'éthique. Au-delà du caractère pratique de l'objet, vous verrez que vous éprouverez un plaisir secret à utiliser un bel objet au quotidien.

À essayer

Pour trouver de l'inspiration et de beaux objets, visitez les « *home tour* » (visites de maisons) des minimalistes sur YouTube. Les minimalistes choisissent bien chaque objet : vous verrez comment ils procèdent pour harmoniser leurs possessions.

4

Toujours simplifier

Simplifier le quotidien

Des rituels pour alléger la tête

Les rituels sont des outils magiques, que ce soit pour les petits ou pour les grands. Un rituel bien huilé permet de faire tout le nécessaire, sans même qu'on y pense. Ainsi, on oublie moins, et on stresse moins. Toute la difficulté est dans la mise en place du rituel. Il faut réfléchir à tout ce qu'on doit faire. Prenons par exemple le matin, au réveil :

- on se douche
- on choisit ses vêtements
- on repasse ses vêtements
- on s'habille
- on réveille les enfants
- on prépare les sacs
- on prépare et on prend le petit déjeuner
- on se brosse les dents
- on habille les enfants

Faisons de même pour le rituel du soir avant le coucher :

- on douche les enfants
- on prépare et on mange le dîner
- on a un peu de temps libre
- on se brosse les dents
- on lit un livre aux enfants
- les enfants sont au lit

Et en listant ce qu'on doit faire, on se rend compte que certaines activités peuvent se faire avant d'autres pour simplifier les déplacements. J'habille par exemple les enfants après le brossage de dents du matin pour ne pas avoir de tâches sur les vêtements. On peut aussi déplacer certaines activités à la veille, comme le repassage ou la préparation des sacs, pour ne pas tout faire le matin…

Les rituels dépendent du fonctionnement de chaque famille. Trouvez le vôtre pour vous simplifier le quotidien.

Pour les enfants en bas âge, on peut créer des affiches détaillant les rituels et les mettre au mur, le temps qu'ils assimilent ce qu'ils doivent faire. Pour les enfants un peu plus grands, on peut afficher les horaires, afin qu'ils commencent à gérer eux-mêmes leur temps.

Le ménage

Si vous passez dans les rayons d'entretien des grandes surfaces, vous verrez que ceux-ci sont remplis de produits en tous genre. C'est comme si chaque partie de notre maison avait son produit d'entretien : les vitres, le sol (parquet, carrelage), les meubles, la table de travail de la cuisine, la salle de bain…

Et pourtant, avec quelques produits simples, on peut tout faire : le bicarbonate de soude, le vinaigre blanc, le savon noir et les chiffons microfibres. Le plus important est de nettoyer au plus vite les tâches, car plus elles sont sèches, plus elles sont difficiles à enlever. Et je me suis rendu compte que quand on a moins de choses à la maison, c'est un plaisir de s'en occuper.

Pour la lessive, le savon de Marseille a fait ses preuves, que ce soit à la main ou en machine. Le vinaigre blanc peut aussi servir d'adoucissant et de détartrant.

Dans l'idée des rituels, pourquoi ne pas déterminer des jours précis pour vos lessives ? Ce peut être un rituel hebdomadaire. Je commence le mien le lundi, avec la lessive des enfants, pour être sûre qu'ils aient des vêtements de sport propres à la fin de la semaine. Je fais en sorte, comme je l'ai dit, de faire mes lessives en semaine, pour être libre le week-end, sauf exception.

Le menu

Je l'ai dit, dans mon enfance, ma mère avait un rituel pour le menu. Elle ne s'en écartait que très rarement. L'avantage, c'est qu'elle savait exactement quoi acheter et combien. Pour nous les enfants, c'était un repère.

L'exemple de ce que ma mère faisait :

- Lundi : jour des brèdes (feuilles cuites en ragoût) et des saucisses.
- Mardi : journée végétarienne.
- Mercredi : non déterminé.
- Jeudi : la soupe était au menu.
- Vendredi : non déterminé.
- Samedi : jour du poisson.
- Le dimanche, nous avions un repas un peu plus élaboré que tous les jours, au choix.

En bons Malgaches, nous mangions tous les jours du riz. Une fois adulte, pendant plusieurs années, je n'ai pas suivi l'exemple de ma mère. Mais je me suis rendu compte que la question « qu'est-ce qu'on mange aujourd'hui ? » était bien pénible….

Faire ses menus à l'avance, avec une petite marge de flexibilité quand même, cela simplifie grandement la vie. Nous nous préparons mentalement à cuisiner ce qui est au menu et, par ailleurs, nous n'achetons que les ingrédients dont nous avons besoin. Cela permet aussi de ne pas se retrouver démuni pendant les courses, en prenant tout et n'importe quoi. La plupart du temps, dans ce cas, on oublie des ingrédients au fond du frigo, et ils finissent par périmer ou moisir. Attention au gaspillage !

Simplifier les situations délicates

Le budget

L'argent peut être source de stress et de conflits dans un couple. Pour qu'il ne soit pas une entrave à votre bonheur, il faut également simplifier votre budget.

Si vous n'avez jamais géré votre argent et que vous pratiquez la politique de l'autruche, il est temps de voir les choses en face. Prenez vos relevés de comptes et analysez vos dépenses. Votre argent est-il bien utilisé ? Ou part-il, la plupart du temps, dans des petites bricoles à 5 € par-ci et à 10 € par-là ? En totalisant, ça vous fait pas mal d'argent qui part en fumée. Sur le moment, vous vous dites peut-être que c'est juste 5 € que vous dépensez, mais calculez le montant de ces petites dépenses sur le mois, vous serez peut-être surpris. Quel est le montant de vos achats superflus ?

Pour se simplifier la vie, on opte très souvent pour le prélèvement automatique, mais vérifiez bien que tous les prélèvements correspondent à quelque chose dont vous avez vraiment besoin.

Nous sommes tellement absorbés par notre vie quotidienne que nous oublions que nous avons contracté une assurance responsabilité civile, alors qu'elle est déjà incluse dans l'assurance habitation. Nous ne remarquons pas que nous payons un pack de services à la banque, alors que nous n'avons pas besoin de tous ces services, ou peut-être seulement une fois par an. Le conseiller de la banque a été très persuasif... Les programmes de fidélité sont là pour nous endormir, mais a-t-on vraiment besoin de deux chèques de banque par an ?

Et toutes ces assurances qu'on nous fait contracter, et qui ne nous couvrent même pas lorsque nous en avons vraiment besoin, faut-il les garder ?

Une fois que vous aurez désencombré votre compte des dépenses inutiles, vous pouvez prendre le temps de comparer et de faire jouer la concurrence pour les dépenses restantes. Votre capacité d'épargne est peut-être bien plus élevée que vous ne le pensez.

La rentrée des classes

Pour simplifier la rentrée des classes, il n'y a qu'un mot qui me vient à l'esprit : anticipation ! Pour ne pas avoir à gérer, trier et acheter toutes les fournitures scolaires la dernière semaine d'août, et pour s'épargner bien du stress, il vaut mieux s'y prendre à l'avance.

Essayez de trier les fournitures scolaires dès le début des vacances, quand les enfants les ramènent à la maison. Vous avez sans doute déjà un petit stock de crayons et de feutres pour les activités à la maison. Inutile de les multiplier s'ils sont encore en bon état. Évidemment, gardez ces stylos pour l'année suivante s'ils sont encore pleins ; s'ils ne le sont plus, mettez-les dans les salles d'attente où il y a des activités de dessins. Ils y seront bien utilisés. Si je vous conseille de faire tout cela dès le début des vacances, c'est parce que cette chose « à faire » va vous peser, plus tard, quand vous bullerez sur un transat à la plage.

Selon les classes des enfants, certaines fournitures peuvent être utilisées d'une année sur l'autre. Il faut seulement les rafraîchir un peu (tailler les crayons, bien nettoyer les ardoises…). Si vous pouvez recycler une bonne partie de ces affaires, cela fera déjà disparaître quelques points sur la liste des nouvelles fournitures.

Enfin, triez directement les cahiers et classeurs que vous n'allez pas garder : feuilles volantes, travaux en tout genre. Je vous conseille de le faire avec vos enfants pour éviter les disputes plus tard. Mon fils a du mal à se séparer pour certaines choses, alors nous gardons parfois pendant un moment ses affaires et nous refaisons le tri quelques mois plus tard.

Le minimalisme et notre entourage

Quand nous commençons notre chemin vers le minimalisme, nous sommes souvent happé/es par une frénésie de simplification. Et nous allons au plus vite. Nous avons tellement envie de désencombrer, qu'un décalage se crée entre nous et notre entourage.

En effet, si les sorties avec vos ami/es se résumaient jusqu'alors à des séances shopping, il est bien naturel que vos ami/es soient étonné/es de votre nouveau comportement. De même, si autrefois vous vous extasiez devant les cadeaux qu'on vous offrait, et que votre attitude a changé, votre entourage ne va pas comprendre.

Je pense qu'il faut veiller tout particulièrement à votre entourage dans ces moments. Il faut faire en sorte que le message passe. Vos proches vont peut-être continuer à vous faire des cadeaux matériels et inutiles, alors que vous leur aurez déjà parlé de votre désir de minimalisme.

Malgré tout, il faut remettre en perspective la situation. Le minimalisme ne nous définit pas. Et une relation à laquelle on tient est plus importante que notre frustration de minimaliste. Je recommande donc d'y aller doucement, de parler avec patience et tolérance à votre entourage. Nous ne pouvons pas changer les autres parce que nous avons eu, de notre côté, un déclic. Perdre une relation essentielle n'en vaut pas la peine.

La solution, pour moi, c'est de trouver un compromis, pour que les deux parties y trouvent leur compte. À la cousine qui aime les séances de shopping, on va proposer d'aller la moitié du temps faire du lèche-vitrine, et l'autre moitié, une balade au parc, par exemple. À l'entourage qui offre des cadeaux, on dira, un peu à l'avance, qu'on préfère les cadeaux immatériels ou consommables.

Cependant, à moins d'être très proche de la personne qui offre, je vous conseillerais de garder votre démarche pour vous. Expliquer comment fonctionne le minimalisme est délicat. On risque de se présenter comme un moralisateur ou un antisystème, et le message ne passera pas comme cela. Soyez bienveillant envers vous-même et envers votre entourage. Vous ne participez pas au concours du plus minimaliste. Si le minimalisme vous rend heureux, votre entourage le découvrira et vous demandera ce que vous avez fait.

Exercice : mettre en place : réfléchir aux rituels de la famille

Votre réaction

Le minimalisme, à bien des égards, amène de la simplicité dans notre vie quotidienne. Êtes-vous prêt à simplifier votre quotidien en mettant en place des rituels ?

Faire le bilan

Réfléchissez à l'emploi du temps de votre famille et à vos rituels actuels. Y a-t-il moyen de le désencombrer de certaines activités ? Serait-il possible de simplifier certaines de vos activités pour que votre quotidien se passe mieux et plus facilement ?

En pratique

Et si on mettait tout ça sur papier pour que ce soit plus clair pour toute la famille ?

- Le rituel du soir
- Le rituel du matin
- Le ménage
- Le menu
- Les activités hebdomadaires
- Les activités mensuelles
- Les activités annuelles

À essayer

Si vous avez du mal à vous organiser, je vous conseille de lire *S'organiser pour réussir* de David Allen, qui est le support de la méthode GTD (*Getting things done*). C'est une méthode pour réussir à être efficace sans stress.

5

Maintenir un mode de vie minimaliste

Rester motivé/e durant le processus de désencombrement

Selon les personnes, le degré d'attachement aux objets et le nombre de possessions, le désencombrement peut prendre des mois, voire des années. Devant une si grande tâche, on peut abandonner ou, en chemin, se sentir démotivé.

Déterminer vos raisons

Je trouve qu'il est important, avant d'entamer ce processus, de définir exactement pourquoi vous vous lancez dans cette démarche. Nous avons vu qu'il y a beaucoup de bienfaits à pratiquer le minimalisme en famille, mais cela vous correspond-t-il vraiment ? Si vous vous dites juste « je veux être minimaliste » ou « je veux avoir une maison minimaliste », ce sera trop vague. Au fil des désencombrements et des efforts, vous ne saurez plus pourquoi vous vous y êtes mis.

L'important est de définir la principale raison pour laquelle vous voulez vous mettre au minimalisme. Et c'est cette raison qui vous guidera tout au long de votre cheminement.

- Vouliez-vous diminuer le temps passé à faire le ménage ? Dans ce cas, lorsqu'un nouvel objet entrera chez vous, vous vous rappellerez tous les efforts faits pour désencombrer et ceux à fournir pour entretenir vos possessions.
- Vouliez-vous offrir un environnement centré sur le développement de votre enfant ? Alors chaque objet qui entrera chez vous passera un test : qu'apporte-t-il au bien-être de votre petit ?
- Vouliez-vous inscrire tous vos actes dans une démarche écologique ? Vous penserez alors à l'impact de chaque nouvel achat.

Nous avons tous des raisons différentes d'adopter le minimalisme. Nous pouvons lâcher du lest dans certains domaines quand, dans d'autres, nous ne pourrons pas. C'est normal, nous sommes tous différents, nous avons des vécus et des ressentis différents.

Visualiser le but

Et si vous utilisiez la visualisation pour vous motiver dans votre quête du minimalisme ? Regardez votre intérieur avec un œil nouveau.

Enlevez mentalement tout le fouillis. Ne vous contentez pas de le ranger quelque part, dans un lieu imaginaire, imaginez vraiment que ces objets disparaissent de votre maison.

Que ressentez-vous ? Du bien-être ? Alors vous êtes sur la voie du minimalisme. Une peur de manquer ? Pourquoi ressentez-vous cela ? Si vous souhaitez une vie désencombrée, mais que vous avez peur de vous y mettre, tentez d'en connaître la raison pour avancer.

Il est peut-être difficile de se séparer des objets lors d'un désencombrement, mais rappelez-vous que vous pourrez toujours remplacer ces objets plus tard, si vous en avez vraiment besoin. Nous donnons parfois trop de valeur à un objet, alors qu'il nous prend plus (en temps, en énergie…) qu'il ne nous apporte.

Si un objet n'est pas utile pour vous maintenant, donnez-le à quelqu'un d'autre. Et plus tard, dans le futur hypothétique où vous en aurez besoin, vous pourrez toujours soit l'emprunter, soit le louer, soit le racheter.

Faire face à une baisse de motivation

Beaucoup de personnes qui entament un processus de désencombrement disent à un moment : « J'ai déjà beaucoup désencombré, et pourtant je ne vois pas le résultat », ou encore « Je suis démotivé/e car il y a encore tellement de choses chez moi ; mais je bloque, je ne sais plus quoi enlever ».

Il est normal, parfois, de ressentir une baisse de motivation pendant le désencombrement. La tâche est si grande qu'il faut se faire des piqûres de rappel, en se remémorant les raisons pour lesquelles on fait ce travail.

Faites une pause dans votre désencombrement, pour mieux reprendre ensuite. Entourez-vous de personnes qui ont la même philosophie que vous. Il est toujours plus motivant de le faire à plusieurs et d'en parler.

Vous pouvez intégrer le groupe Facebook « Apprentis minimalistes[1] », qui réunit des personnes qui cherchent à désencombrer leur vie et à parler de ce mode de vie. Nous faisons régulièrement des défis par pièce ou des *minsgames*, pour que chacun avance sur le chemin du minimalisme.

Cultiver son propre bonheur

Se concentrer sur son combat

Une fois délesté de tous les objets inutiles qui nous entourent, on peut se concentrer sur des projets qui nous tiennent vraiment à cœur. On a plus de temps pour nous, alors pourquoi ne pas concentrer nos efforts sur une cause ? Que ce soit pour une entreprise, pour l'écriture d'un livre, pour l'apprentissage d'une nouvelle connaissance ou pour tout autre projet… On peut se concentrer sur beaucoup de choses qui font grandir, qui nous rendent plus fier/ère que la possession d'un gadget.

Quel serait votre combat, une fois désencombré ? Pourquoi êtes-vous sur cette terre ? Ne vous inquiétez pas, il ne s'agit pas forcément d'accomplir une chose spectaculaire. Il s'agit surtout de trouver ce pour quoi vous vibrez. Serait-ce pour l'apprentissage alternatif ? Serait-ce pour aider les personnes dans leur organisation quotidienne ? Ou bien pour s'occuper de personnes en difficulté financière ?

Votre combat n'a pas à être votre métier. Vous pouvez très bien le pratiquer dans une association ou tranquillement chez vous.

1. https : //www.facebook.com/groups/apprentisminimalistes/

Sortir de sa zone de confort

Puisqu'on a plus de temps pour soi et plus d'énergie, on a davantage de cartes en main pour sortir de notre zone de confort.

De petits changements au quotidien peuvent être très amusants. Prenez plus la parole dans les réunions, essayez le vélo pour aller travailler si c'est possible, découvrez les parcs de la ville voisine avec vos enfants, donnez votre avis quand vous étiez plutôt habitué à le taire.

Sortez de votre train-train quotidien, faites quelque chose d'inhabituel. C'est plutôt palpitant, non ?

En sortant de notre zone de confort, nous nous autorisons à vivre quelque chose de différent, à prendre de nouvelles décisions. On se sent plus vivant. Pourquoi s'en priver ?

Pratiquer le hygge

Vous connaissez le *hygge* ? C'est l'art de vivre à la danoise qui commence à faire de plus en plus d'adeptes en France. C'est, à peu de chose près, l'équivalent du *cocooning*. Le principe est de s'octroyer une petite bulle de bien-être chaleureuse.

L'important dans le *hygge* est le fait d'apprécier les petits moments du quotidien. Pas étonnant que les Danois se retrouvent toujours dans le peloton de tête des peuples les plus heureux au monde. Selon le *World Happiness Report*[1], ils décrochent la deuxième place en 2017. Je trouve cette pratique très en phase avec le minimalisme.

Dans son livre *Hygge, l'art du bonheur à la danoise*, Louisa Thomsen Brits définit ainsi le *hygge* : « C'est

1. http : //worldhappiness.report/ed/2017/

savoir être présent et ensemble. C'est un sentiment de chaleur, de sécurité, de réconfort et de protection. C'est une expérience d'individualité et de communion avec les personnes et les lieux qui nous ancrent et nous affirment, nous donnent du courage et nous consolent. C'est une invitation à l'intimité et à la connexion ».

Voici donc des moments *hygge* pour vous inspirer :

- Se lover sous un plaid, alors qu'il pleut dehors
- Cuisiner une tarte avec ses enfants
- Jouer à un jeu de société en famille
- Passer une soirée à la lumière d'une bougie
- Boire du chocolat chaud en lisant un livre

Et si on apprenait à mettre de petites doses de bonheur dans nos vies ?

Exercice : mettre en place : penser à la vie qu'on aurait une fois désencombré

Votre réaction

Vous avez passé au peigne fin votre vie : êtes-vous satisfait ? Le reste du travail consiste à maintenir cette philosophie au quotidien et à ne pas retomber dans les travers de la société de consommation.

Faire le bilan

Et si nous rêvions un peu de notre vie dans six mois ? Dans un an, après le désencombrement ? Comment serait notre quotidien ? Que pourrions-nous faire de nos journées ? De nos week-ends ?

En pratique

Savez-vous quel est votre plus grand rêve ? Et si nous faisions en sorte de l'accomplir ou, au moins, de progresser vers son accomplissement ? Ce n'est pas toujours le but qui rend heureux, c'est le chemin. Notre temps sur terre est compté. Faisons en sorte que le temps qu'il nous reste à vivre soit utilisé en conscience.

À essayer

Et si nous faisions notre *bucket list* ? La *bucket list*, c'est la liste des choses qu'on voudrait faire avant de mourir : nos rêves les plus fous, les endroits que nous voulons visiter, les expériences que nous voulons faire, les personnes que nous voulons rencontrer, les aliments que nous aimerions goûter…

Si vous manquez d'inspiration, vous pouvez toujours chercher des *bucket lists* de blogueurs sur internet. Certains ont noté la date à laquelle ils ont fait leurs souhaits.

Conclusion

Quel héritage et quelles valeurs laisser à nos enfants ?

Je ne sais pas si c'est à cause de ma mère, qui m'a rappelé pendant trois mois que la vie n'est pas si longue (les décès se multipliaient autour d'elle), à cause du décès d'une de mes connaissances à 29 ans (qui laissait derrière elle mari et enfants), ou suite au cancer foudroyant d'un de mes collègues (qui a créé une vive émotion dans nos bureaux)… mais il y a maintenant certaines questions qui m'obsèdent : qu'adviendrait-il de mes enfants si mon mari et moi, nous venions à disparaître ? Quelles sont les choses que je dois leur transmettre tout de suite ?

Pas facile de se poser ce genre de questions. Mais je trouve qu'il vaut mieux y penser maintenant que jamais. La vie est tellement imprévisible : un accident, une maladie, un décès… tout peut arriver.

Ce que nous voulons laisser à nos enfants est très subjectif. Néanmoins, en tant que parents, nous avons des valeurs communes, dont les trois ci-dessous :

L'éducation : l'apprentissage, l'autonomie, la sociabilisation, l'empathie

Pour Maria Montessori, « L'enfant n'est pas un vase que l'on remplit, mais une source qu'on laisse jaillir ». L'éducation est l'héritage le plus précieux qu'un enfant reçoive de ses parents. Comme Maria Montessori, je pense que l'enfant est une source qu'on laisse jaillir. Ce qui m'importe, en tant que parent, c'est de poser les bases d'une bonne éducation, d'un bon mode d'apprentissage, pour être sûre que même après ma disparition, mes enfants puissent se débrouiller avec les outils que je leur ai montrés. Accompagner l'enfant dans son apprentissage de la vie, de l'autonomie, s'assurer qu'il a compris les diverses émotions et l'aider à les gérer, lui apprendre la bienveillance envers autrui et envers soi-même, ce sont, pour moi, les missions les plus importantes d'un parent envers son enfant.

La sécurité financière : un toit sur la tête

En tant que parent, on aimerait tous pouvoir dire à nos enfants qu'ils auront toujours un toit sur la tête. Cette possibilité dépend bien évidemment des capacités financières de chacun. Et il tient aussi à chacun d'apprendre aux enfants à garantir cette sécurité. Cette sécurité dépend, bien souvent, de nos proches, qui pourraient, ou non, prendre en charge nos enfants si le pire arrivait.

Nos valeurs : notre vision du monde

Nous avons tous des valeurs que nous aimerions transmettre à nos enfants. J'aimerais, de mon côté, leur parler de ce qui est important pour moi, de ma perception du monde et de notre environnement en général. Toutes ces petites choses qui nous paraissent implicites, et qui cependant ont besoin d'être dites, pour qu'un jour elles deviennent également leurs valeurs. J'aimerais faire comprendre à mes enfants que les expériences ont plus de valeur que les possessions, que la famille est le premier trésor qu'on a, et qu'essayer d'être heureux tous les jours est la plus belle des ambitions. Mes enfants sont trop petits encore pour comprendre tout ça. J'espère que je saurai leur transmettre ce message, ou qu'ils pourront lire ces lignes plus tard…

Le minimaliste parfait n'existe pas. Malgré mes quelques années d'expérience minimaliste, je reste une apprentie, et cela me suffit pour être heureuse. Le minimalisme m'apporte beaucoup de bien-être. Et par mes gestes quotidiens, j'espère transmettre à mes enfants l'envie de vivre ainsi.

J'ai écrit ce livre pour partager avec vous mon expérience et mes découvertes sur le minimalisme. Je l'ai écrit en espérant que vous aussi, vous en retirerez satisfaction au quotidien, avec vos enfants.

Bibliographie

Une chambre d'enfant saine et écologique, Corinne Bullat, Éditions Ulmer.

Le burn-out des enfants, Béatrice Millêtre, Éditions Payot-Psy.

La fatigue émotionnelle et physique des mères, Violaine Guéritaut, Éditions Odile Jacob.

La dépression au travail, Docteur Marc Willard, Éditions Odile Jacob.

No Impact Man, Colin Beavan, Éditions Fleuve Noir.

L'Art d'aller à l'essentiel, Leo Babauta.

Faire le ménage chez soi, faire le ménage en soi, Dominique Loreau, Éditions Marabout.

Parents... tout simplement ! Kim J. Payne et Lisa M.Ross, Éditions Aethera.

L'enfant, Maria Montessori, Éditions DDB.

Cultiver le bonheur pour les nuls, Caroline de Surany et Lilla, First Éditions.

L'art de la simplicité, Dominique Loreau, Éditions Robert Laffont.

Minimalisme, Judith Crillen, Rustica Editions.

Hygge, l'art du bonheur à la danoise, Louisa Thomsen Brits, Éditions Robert Laffont.

Everything That Remains, Joshua Filds et Ryan Nicodemus, Asymmetrical Press.

Maman minimaliste sur internet

Le blog : http : //www.mamanminimaliste.fr
La page Facebook : https : //www.facebook.com/mamanminimaliste/
Le groupe Facebook : https : //www.facebook.com/groups/apprentisminimalistes/
Si vous souhaitez aller plus loin sur le sujet, visitez la page privée dédiée aux lecteurs de ce livre : http : //www.mamanminimaliste.fr/lecteurs/

Remerciements

Merci Zo, Tsilavo, Ny Toky et Liana pour votre patience durant l'écriture de ce livre. Grâce à votre aide, votre compréhension et votre amour, j'ai pu mener à terme ce projet qui me tenait à cœur.

Merci Dada et Neny d'avoir toujours cru en moi et de m'avoir soutenue dans mon parcours. Sans vous, je ne serais pas qui je suis aujourd'hui.

Merci Neni et Tatie Lalao de m'avoir aidée à la maison pendant que j'écrivais. Vous avez grandement contribué à la réalisation de ce travail.

Merci Lova et Hervé, Caroline, Diane et Guillaume pour la relecture. C'est très sympathique de votre part d'avoir pris ce temps pour moi.

Merci Diane (encore ☺), Damien, Fatima, Séverine, Melissa, Magali, Laurence, Nicolas, Sylvia, Capucine, Sandrine, Geneviève, Brigitte, toute la team modo du groupe des Apprentis minimalistes. La gestion du groupe est fun avec vous, merci pour votre aide.

Merci Iris pour ton aide spéciale dans mes projets.

Merci Marilyne et Frédéric de m'avoir donné l'occasion d'écrire ce livre.

Minimalisme : reprenez le contrôle

Cécile Ecot

Vous avez le sentiment d'étouffer sous le poids de votre vie ? D'avoir trop d'objets inutiles dans votre maison, trop de sollicitations, trop de vêtements, trop de tâches ménagères ? Il est temps de se simplifier la vie ! Le minimalisme apprend à désencombrer notre intérieur pour retrouver de l'espace, à consommer autrement, sans superflu, à nous déconnecter des écrans omniprésents pour retrouver une vie plus authentique. Le minimalisme nous aide également à ne pas céder aux achats d'impulsion, à alléger décoration et emploi du temps. Pas à pas, cette méthode permet de reprendre le contrôle de sa vie et de retrouver du temps pour jouer avec les enfants, faire du sport, méditer ou lire. Et surtout, cela nous aide à revenir à l'essentiel : être, plutôt qu'avoir pour redécouvrir le bonheur et la liberté.

Vivre avec moins de choses, mais vivre mieux :
le guide pour simplifier sa vie.

Imprimé en France
FRHW010959310721
27930FR00020B/135

9 782824 610948